カタストロフからの哲学

ジャン＝ピエール・デュピュイをめぐって

渡名喜庸哲　森元庸介 編著

以文社

カタストロフからの哲学　目次

一　J＝P・デュピュイとカタストロフ論的転回　41　渡名喜庸哲

二　デュピュイの科学哲学と破局論　101

――システム論から出発して

中村大介

装画＝宇佐美圭司（ホリゾント・黙示　8つのフォーカス7　一九九四－九五年、セゾン現代美術館蔵）

装幀＝難波園子

凡例

以下で言及されるデュピュイの著作については、本文中の括弧内で日本語タイトル、原著の参照箇所（アラビア数字）／邦訳書の参照箇所（漢数字）の順で出典を指示する。

例：（『聖なるものの刻印』168-169／二〇一‐二〇二）

なお、各著作の詳しい書誌については巻末の「ジャン＝ピエール・デュピュイの著作一覧」を参照されたい（文庫版のあるものは文庫版に依拠している）。

カタストロフからの哲学

——ジャン゠ピエール・デュピュイをめぐって

序　〈破局〉に向き合う

——J＝P・デュピュイ『聖なるものの刻印』から

西谷　修

4

思想の翻訳について

私事から始めて恐縮ですが、わたしはかつて吉本隆明が日本の外国文学者に対して浴びせた罵詈雑言を聞きながら、それでもわざわざ仏文学者になりました。古い話ですが、その頃は日本でもサルトルが圧倒的な人気を集めて猫も杓子もサルトルの時代でした。そのサルトルが来日したとき（一九六七年）紹介者として表に立ったのは、当時軍事政権下の韓国の言論状況をめぐって、その反動性（日和見性）を批判されていたある仏文学者でした。その学者が、「アンガジュマン（政治にコミットすること）」と「自由と抵抗の哲学者」の本を翻訳し、当時はそれなりの実入りになった翻訳料を稼ぎながら、自分が専売代理人のようになって「ご本尊」サルトルを担いで回っていたわけです。だから吉本は外国文学者のことを、人の褌で相撲をとる、それも無節操な「密輸業者」とこき下ろしていました。

その話自体は下世話なものですが、吉本の「罵倒」は、西洋思想の導入に関わる近代日本の知識人の抜きがたい歴史的宿痾の一面を衝いてもいました。それを承知のうえでわたしは西洋文学・思想の研究者になりました。ですから、アジア極東のこの地で西洋思想に足を突っ込み、それを日本語の環境につなげるとはどういうことなのか、とりわけ第二次大戦後（世界戦争期）の共時性の深まった世界で、その世界性を作り出し規定してきた西洋思想と関わり、それが主張する「普遍性」なるものを視野におきながら、この地で、あるいはこの地から、思想的活動をするとはどういうことなのかという問いを、はじめから組み込んできたつもりです。だから、まずはそのためにみずから繋ぎ《メディア》となるべく、翻訳の作業には力を入れてきました。翻訳するということはわたしにとってはたんなる「輸入業」ではなく、言語や文化を超えて思考の横断連結する場を開く作業です。だから、時を共有する現代の世界にあって、そのような作業にかけることが必要だと思うテクストに出遭ったときには、領域のいかんにかかわらずできるだけ翻訳をやるように心がけてきました。

ただ、今では世界の思想の共時性（同時代性）というのは言うまでもないことですから、若い人たちは四の五の言わずに自分の関心に合わせて、言語を超えて――ただし、超えるときのさまざまな「差異」を踏まえて――自由にやってくれればよいのですが、最近また、わたしとしてはどうしても紹介しておきたい、われわれの思考の経路に組み込んでおきたいものが目にとまりました。それがジャン＝ピエール・デュピュイの仕事です。

ジャン＝ピエール・デュピュイの仕事

デュピュイについては、三・一一の直後に雑誌『世界』に『ツナミの小形而上学』の一部が紹介されましたが、その全訳が二〇一一年の夏に岩波書店から出た後で、東京外大の同僚だった桑田光平さん（現・東大教養学部）が重要な著作の翻訳をすでに進めていることを知りました。これは『ありえないことが現実になるとき　賢明な破局論にむけて』（以下『賢明な破局論』と略記）として二〇一二年に筑摩書房から出版されました。続いて明石書房からは、福島第一原発事故後の日本にとってはとても意義のある『チェルノブイリある科学哲学者の怒り』が出版されました。そして二〇一三年には、リーマン・ショックを契機に書かれた『経済の未来』が、森元庸介さんの達意の訳で以文社から出ました。

この間、相次いで翻訳が出たのは、この著者のここ一〇年ほどの著作で、理論的には『賢明な破局論』を軸にした多面的な展開です。もちろん、この人の仕事自体は最近始まったものではなく、日本でもすでに一九八〇年代から『物の地獄』（ポール・ドゥムシェルとの共著）とか、『秩序と無秩序』、『犠牲と羨望』などの翻訳が出ています（いずれも法政大学出版局）。ただ、それらの仕事は、基本的にはルネ・ジラールのスケープゴート論の解釈を軸にして、認知科学や自己組織化の理論、そして自由主義と正義論といった、英米系理論の新しい展開を導入しながら、それを批判的に論じるという形のものでした。もともとはテクノクラートを養成する理工科学校《エコール・ポリテクニーク》の出身で、物理学から経済学に転じ、フランスではあまりなじみのない英米系の理論を先駆的に導入し、一般にもその批判的な継承者とみなされてきた人です。そのため、多領域に渡るその才覚は認められても、デュピュイその人の独自の思想というのは目立たなかったと言ってよいかもしれません。けれども、多岐の領域にわたるそれらの仕事が、二〇〇〇年あたりから「カタストロフ（破局）論」というかたちで収斂し、基礎的認識論ないしは文明論的なまとまりを呈するようになり、最近注目を浴びているのはその種の仕事です。

多領域を横断する「生態学的」思考

この人はさまざまな領域を渡り歩いているような印象を与えますが、『経済の未来』にも書いているように、たとえば経済学を経済学者として研究するというより、本人はむしろ知の領域に人類学者のようにして関わると言います。つまり、ある領域の専門家になるのではなく、参与観察者のようにして、それぞれの学問領域に踏み込んでゆく。「現地人」になるのではなく、その「文化」や「生態」を観察して特性や傾向を把握しようとするわけです。そして、経済学なら経済学の「知」としての生態を探り、その認識の姿勢に貫かれている傾向や、その言説がもつ意識造形的な効果を明らかにしてゆくのです。その意味では「知の生態学」と言ってもよいかもしれません。

理工科学校出身ながら、最初はルネ・ジラールのスケープゴート理論との出会いが決定的だったようです。それからイヴァン・イリッチと協力関係を作り、そこで認知科学系の人びとと出会い、先ほどふれたような多様な理論、現代の知に大きな影響を与えているさまざまな理論をフランスに導入しましたが、それらをジラールやイリッチの思考に照らして検討し、最終的にはその限界を指摘するような仕事を重ねてきました。

最近翻訳の出た『経済の未来』も、たんに経済の行方を論じるのではなく、リーマン・ショックではしなくも露わになった経済学の限界、その論理を成り立たせている「未来」の組み込み方そのものの矛盾や限界を、その知の含む社会形成的な役割を見ながら、いわば人間学的に明らかにするといったもので、そこにも、これまで他の領域でデュピュイが重ねてきた考察の蓄積、考え方のエッセンスが折り込まれています。後でふれますが、さまざまな知をたんに理解の道具としてではなく、人間社会の成立ちを支えるものとして、人間学＝人類学的に見てゆくということです。

グローバル化の時代には、人間社会を知的に捉える場合も、組織的に機能させる場合も、経済的知がいちばん前面に立ってきます。ものごとを決定する際のリファレンス（準拠）がつねに「経済」になっていて、いわば「経済」が最後の言葉を握るという状況になっています。その意味では経済の知が、社会の認識においても、その運営においても、もっとものものを言うわけですが、だからこそ「経済」の知を厳密に扱うと、現在の社会の核心的な論点があぶりだされるということです。

デュピュイは多様な領域を「渡り歩く」と言いましたが、それは別々の領域をただ踏破するというよりは、ひとつひとつが「例」なのだと言ってよいかもしれません。経済学もひとつの「例」、認知科学や自己組織化の論理、あるいはロールズの正義論も現代の知の「例」なのです。その場合「例」というのは範例であって、一般的なことを説明するために取り上げる個別的・具体的なものです。とはいっても、「例」をとりあげることで、汎用の何にでも当てはまる一般的理論を作ろうとしているわけではありません。むしろ、個々の具体「例」を扱うことで、結局そこに内在的にあるパターンが繰り返されているとか、ある機制が反復具体化されているとかがわかるようになります。そして重要なのは抽象的な一般性を取り出すことではなく、個々の具体的な現実をあつかうことです。じつはここには、「潜在性《ポテンシャリティ》」とか「単独性《シンギュラリティ》」の論理（アガンベンが『到来する共同体』の一章で、古い哲学の伝統から鮮やかに取り出しているものです）が関係していますが、すべてを貫くとみなされる「一般性」よりも、現にある「例」こそが肝心、という立場があるように思えます。

『聖なるものの刻印』

とはいえ、それでも『聖なるものの刻印』という著作は特別のものです。というのは、この本でデュピュイは、自分がこの四〇年間でたどってきたさまざまな領域の知の問題を振り返って語り直しているのですが、そこに「覚醒的」とでも言いうるひとつの認識が、数珠玉をつなぐアリアドネの糸のように貫かれているのが見えるからです。

かれが扱ったのは、人間社会の成立ちの基本に関わることがらですが、人間はそれに関してさまざまな知を作り出し、それで社会を解釈したり、あるいはその解釈を足場にして働きかけたり、いろいろなことがそれぞれのアプローチから行われます。そのような現代的な知のトピックのいくつかを渡り歩いてきたデュピュイが、その要所をたどり直す知的回想記のようにして書いたのがこの本です。それはデュピュイの知的経歴というだけでなく、人間社会のメカニズムを一刀両断にする単純かつ重厚なスケープゴート論を展開したルネ・ジラール、七〇年代に衝撃的な産業主義批判を展開したイヴァン・イリッチ、晩年のハイデガーを魅了しかつ絶望させたサイバネティクスとその展開、そして自由主義経済と正義の問題、あるいは現代の科学主義、さらには民主主義とテロリズムといった、ここ四〇年の重要な思想のトピックが、独自の仕方でつなげられ詰め込まれていて、そのうえに、そこに貫かれる論理がバネの環のようにつながりながら、別の領域に同じような形で繰り返されている、そういうことが描き出されているのです。これだけのことをしてきた人ですが、たぶん素材となったテーマの方が注目されて、デュピュイという人自身の仕事としては十分に理解されてこなかったということもあると思います。そういうこの人の姿勢もあって、けっして「知のスター」にはならなかった人です。でも「知のスター」は思想を芸能界と間違えている人たちに任せておけばいい。わたしとしては、この本をジャン

＝ピエール・デュピュイという人の仕事のまとめとして、同時に現代の大きな知的課題のひとつのまとめとして、日本語でも読めるようにしておきたいと思ったのです。

哲学をはみ出る（チョー哲学？）

人間や社会を扱う学問にはいろいろあります。最近ではとくに、社会学的なシステム論とか、経営学的なマネージメントとかの発想が幅を利かせていますが、私が基本的にやってきたのは哲学です。社会学に転じようとは思いません。というのは、問いに答えを出すのではなく、問いを問うというところから、意味の検証の作業ができるのは基本的には哲学だからです。けれども、だいぶ前から哲学的思考の袋小路を感じて、哲学プロパーのやり方では足りないのではないかと思ってきました。だからそれを補うアプローチを求めていたのですが、そこでドグマ人類学に出会ったりしました。それは基本的には理性とは何かを、哲学とは違うかたちで、つまり生き物の法・社会の法として、あるいは言語を通じての個と社会の関係形成として問い直す学問です。けれども、それでも自分の関心は、哲学を哲学自身の展開（自己閉塞的なアカデミズム）とは違うところに生かしてゆくことだと考えています。

われわれは日本語で考えています。そしてそれ自体がすでに、ギリシア語・ラテン語系統の言葉で考えるのとはずれをもつことです。言語の構造はそう言ってよければ思考の鋳型ですから、どうしても発想も問いの形もそれに左右されるのです。このことは、哲学をやっているときに感じるある種の違和感と対応しているのだと思います。たとえば渡名喜庸哲さんの編訳したナンシーの『フクシマの後で』という本があります。これは渡名喜さんが、ナンシーの「フクシマ論」をよりよく理解させるために、ナンシーの思考の展開のなかで連鎖している技術論、民主主義論と併せて編集したものです。そうすると、ナンシーの議論の繋がりと広がりは分かるけれど、ナンシーは哲学の人で、あくまでその哲学の延長上に思考があるという印象をどうしても残します。ナンシーはある意味では哲学の限界まで行った人だと言ってよいでしょうが、その限界でどうなるかというと、彼の場合は美学的なものに「溢れてゆく」という具合になっています。従来の哲学にとどまっているわけではないけれど、知的なものは限界に身を晒して、アイステーシスの（感覚的）体験に転化してゆくと言いましょうか。それはジョルジュ・バタイユが「非‐知」の体験で身をもって示した経路でもあるのですが、それはたぶん近代以降の主体の哲学の宿命なのでしょうね。ただ、現代世界における人間の課題は、ギリシア・ローマの展開、つまり欧米にとってだけの問いではありません。それはグローバル化――といっても、ここに三〇年のことではなく、五世紀にわたる西洋の世界化――の効果で、アフリカでも、アジアでも、日本でもそれぞれのかたちで「分有」ないしは共有されていますが、そこに浮上する課題が哲学やその延長だけでリアルに対応できるかというと、どうも疑問があるわけです。

「信じない」の構造を問う

たとえば「技術」を問題にするときに、これはハイデガーのやったことですが、技術の本質は何かと問う。技術とは何かということを、人間の存在との関わりにおいて、人間が存在するという事態を問いただすことの延長の上に考えてゆきます。技術は人間が世界や自分自身を統治したりコントロールしたりする、あるいは社会を組織してゆくそのプロセスの中に働いていますが、それが何であり、どう作用しているのか、そして技術の進展によって存在の展開はどうなるのか…、等々を問いただしてゆきます。

そのこと自体は重要なことでしょうが、ただ、現在の課題は、そんなふうに問い質しているだけでよいのか、というほど状況が切迫しているのではないかと思わざるをえません。たしかに、ハイデガーの言うように技術はたんなる人間の道具なのではなく、存在の展開に当初から組み込まれた人間と不可分のファクターでさえあります。その指摘を踏まえて、情報技術に強いフランスの哲学者のベルナール・シュティグレールなどは「技術は〝人間〟そのものに属するプロテーズ（人工装具）だ」という言い方をしますが、人間はむしろ技術を発達させながらみずからのあり方を変容させてゆくのだとか、その進化のなかでもはや「人間」という概念は失効してしまっているのだとか言われ、「ポスト・ヒューマン」といった用語が用いられたりもする、そうした事態を形而上学は結局、眺めていることとしかしないのではないかと思えてしまいます。もともと哲学で言う「観想《テオリア》」というのは眺めることですから。では、どうなのかというときに、認識や知がすでに世界への「介入」なのだということを認めながらも、人間というものの基本的なあり方に目を向け続けるデュピュイのようなアプローチが、わたしなどにはきわめてまっとうなものに見えてくるわけです。

具体的に言えば、科学と技術の現代的展開があります。それを「科学的」に考えてみると、結果として出てくるのは、もはや「人間」の存在というものが維持できないことは自明だ、というような事態があります。現在の生命科学（遺伝子技術やｉｐｓ細胞技術）などを念頭に置いてみればよいでしょう。しかしその自明性にもかかわらず、われわれの前に想定される時間がいまでも無限であるかのように、この人間の時間が未来につながっているかのように、そういう姿勢で思考を深めているだけでよいのか？　むしろ、「終わる」ということから逆照射して現在のことを考えてゆかねばならないのではないか。放っておいたら、われわれは遠からず、幻想の中に足をすくわれて底なしの崖に崩れ落ちるだけではないのか、とも思われます。だとしたら、そのような「危険」をなぜ真に受けて考えようとしないのか（ハイデガーの十八番の「危機のなかにこそ救いはある」は、「観想」の姿勢の正当化に使われるという傾向がなきにしもありません）、なぜわれわれは「破局の未来」を避けようとしないのか、そういうことを考えているのがジャン＝ピエール・デュピュイなのです。その「未来の不在」に向き合わなかったら、何をどう精緻に考えようと、そうこうしているうちに、われわれは滅亡の中に得々として呑み込まれてゆくだけなのではないのか、と。

いわゆる「不幸の予言」というものですが、それを迷妄だと言っておつに澄ましてはいられないということです。これはいま世界中どこでも、人間の存続にとってもっとも大事な観点、あるいはもっとも要請されている思考だと思います。そう、「人類の滅亡」を誰もが語るけれどもじつは信じていない。その「信じない」の構造を問うということです。あるいは、信じたとしても真に受けない。その「真に受けない」の構造を問うことです。このような意識や思考を共有したいと思ったのです。

「破局論」あるいは「不幸の予言」

なぜデュピュイか、という前置きが長くなってしまいましたが、本題に入って、今回はデュピュイを読むうえでのポイントを二つだけ押さえておこうと思います。

ひとつは「カタストロフ」についてです。これは、それまでの秩序をひっくり返すような大変動のことですが、日本語ではいろいろなケースやレヴェルを含めて一応「破局」としておけばよいでしょう。「破」の局面ということですね。そしてここでは、つまりデュピュイが問題にするのは、人間世界の、あるいは文明の破綻、といったようなことです。べつに人類が滅亡するというわけではありません。ある意味ではそう言ってもよいのですが、ともかく、生物学的な種としての人間やその延長は存続するかもしれないけれども、いまわれわれが生きているような文明の秩序は、回復不能に崩壊してしまうということです。

そのような「破局」が避けがたい、とデュピュイは考えています。なぜか？ まず、多くの科学者たちが、地球環境や人口問題や技術的発展の帰趨から予測しているように、現在の文明世界が多くの致命的な危険を抱えているということ、そしてとりわけ地球環境の劣化が遠くない「破局」——つまりもはや現在のような生存を不可能にする事態——を想定している、ということがあります。多くの科学者たちがそれを警告している。にもかかわらず、現実には「危機」がまともに受け取られているようにはみえず、ものごとは今まで通りにその「破局」に向かうべき道をたどって進んでいる。乗っているバスが走っているその先に崖っぷちがあることが分かっているのに、それを話のつまにしながら誰もまともには受けとめずに、ただバスを走らせる燃料のことしか心配しない。だからますます「破局」は避けがたい。では、それがまともに考慮されるためには、どのような考え方の、あるいは姿勢の転換が必要なのか？ デュピュイはそれをこの一〇年間、手を変え品を変え考えてきたのです。

フランス語では「カタストロフィスム」と言います。「イスム（英：イズム）」は「教」とか「主義」とか訳されますが、何かを信じて唱える構えで、この場合は「破局論」と訳しておきます。けれども、ちょっとニュアンスがあります。デュピュイはずっとアメリカのスタンフォード大学で教えていますが、この「破局論」を英語ではまったく違った用語で表現しているのです。「ドゥーム・セイング（doom saying）」、つまり「不幸の予言」です。要するに「終わりが来る、終りが来る」と言って回ること。そういうのは、だいたい信用されません。「あ〜、あいつ、また言ってる、相手にするな…」というわけです。だから「カタストロフィスム」には、破局の予言は人びとに信じられない、という意味合いが含まれています。そんなことを真に受けていたらおちおち暮らしていられませんから、実際に足元が揺らいで天から何か降ってくるまでは、誰も真に受けたくないのです。だから、確実視される認識があっても、それが現実的な意味をもたない。そこのところをどうやって実効性をもたせうるのか、どうしたら未来に関する予言ないしは予測が確かなものとして受けとめられるのか、それがデュピュイの「破局論」の関心事なのです。

社会はいかにして可能なのか？

もうひとつは、社会というものが成立してそこで人びとが生きる、あるいは人間の集団が集団として生きられる秩序をなす、ということの根本的なメカニズムはどうなっているのか、それをデュピュイは考えてきました。初めは、産業文明のパラドクスについて。彼の方法は理系的な論理で、まずは医療経済の仕事をしていてイヴァン・イリッチと出会い、この中世の「聖者」風の産業文明批判者の『脱病院化社会』という仕事を手伝います。これは、近代医療が進み、医療体制が整えられるにしたがって人間は本来の健康を失い、今では病気の大半は病院に起源をもつ「医原病」になってしまった、ということを豊富なデータで示して、「病院化社会」を痛烈に批判したものです。学校にしろ、病院にしろ、輸送手段にしろ、文明の進化に貢献するとみなされたものが、ある段階を超えるとむしろ逆効果を生み、教育が無知を作り出す制度になり、病院は病人をとめどなく生み出すようになる。そのことを「逆生産性」として概念化するのをデュピュイは手伝ったようです。

ついでデュピュイは認知科学をフランスに導入してその普及に貢献します。人間の認識構造自体を認識する（知ることを知る）というこの自己言及的な試みを、「自己組織化」という新たな観点から切り開こうとする試みに基本的に共感しながらも、そうして科学的に解明されたものを技術的に応用して、人間の思考の仕組みを人工的に再生産しようとし、さらには「創造」するつもりになる科学者・技術者たちの「楽観性」に潜む狂気を指摘しようとします。

経済の問題、あるいは正義の問題、そして自由の問題についても同じような取り組みをします。そして民主主義はいかにして可能なのか、あるいは不可能なのか？　人間にとって幸福とは、善とは何なのか？　そのような価値を、社会はどのような機制で作り出し維持しているのか、そのメカニズムはどうなっているのか？

そのあらゆる領域ないしは局面に、人間社会はいかにして可能かということで見定めた基本的な構造が見いだされます。そこで、人間がいま陥っている袋小路から抜け出すには何が必要なのか、を考えるということです。

その基本構造というのは、ルネ・ジラールが『暴力と聖なるもの』その他の著作で一貫して展開したサクリファイス（供犠）の論理、スケープゴート（贖罪の山羊）論です。わき道にそれますが、わたしがデュピュイに好感をもつのは、大家と言われる人たちの業績を、その限界をきちんと踏まえながら、意義を生かしてゆく、そのように先人を正当に評価してまったく自分の手柄にするそぶりがないからです。この人はその意味ではほんとうに知的に謙虚な人だと思います。的確なこと、正しいことに関しては厳密で、なかなかうるさいはずですが、しかし人に押しつけたりしない。大家のそぶりをしない。権威のオーラを発しない。そこがまた素晴らしいと思います。

「善」は「悪」から生まれる

ジラールのスケープゴート論ですが、これは単純といえば単純なものですが、なかなか強力です。これは欲望の模倣論と結びついています。人間の欲望には特定の対象がなく、基本的には模倣の形をとる。つまり人は他人の欲しがるものを欲しがる、ということです。だから必然的に争いになり、暴力が猖獗する。その混乱のなかで、誰かが「有徴者」（一人だけ違う）となり、そこに暴力が集中する。「あいつだ、あいつのせいだ」と言うわけです。その一人が犠牲になることで、集団の暴力が外化され沈静化し、犠牲が「分離・聖化」されて、その下に共同体の秩序が成立する。それがスケープゴート論のあらましです。集団がみずからの暴力を誰かひとりの上に集中して投げかける。するとその一人の犠牲が暴力を吸収し鎮静化して秩序を成り立たせる。その一人は犠牲者であるとともに功労者です。それが権威や権力に転化すると考えてもよいでしょう。集団の畏怖を集めるその権威のもとで集団の秩序は維持される。個々のメンバーの暴力は、以後、この権威あるいは秩序の名において抑えられる。

フロイトも「近親相姦の禁止」の起源を考えて、「父＝王」の権威の発生ということで示したこと（『トーテムとタブー』）に似ていますが、ジラールはサクリファイスの意義を社会秩序の形成一般に拡大します。そこに、最後の決定的な供犠としてのキリストの磔刑とそれによる「啓示」というのがジラールの場合には特徴的で——だからキリスト教はすべての宗教を終わらせるいわば大文字の宗教だというのです——、デュピュイもそれを踏襲していますが、ここではそれには踏み込まずにおきましょう。とりあえず、ここで重要なのは、秩序も暴力も根は同じだ、ということです。秩序は暴力とは別のものであって他所から来るのではなく、集団の暴力がそれ自体を外化し、自分ではないものとなって暴力を抑えることになっているというわけです。

神がそのひとつの例だとすれば（はじめの「例」の話を想起してください）、神は「善」を体現しますが、そのため罰したりもします。けれどもその罰する力は「暴力」ではなく「善」の功徳と受け取られます。しかしそれは、そのように「外化」された、外部に投影された「悪」つまりは集団の暴力だということです。そしてそのことを「区別」（「上位におく」とか「超越的」に扱うこと）によって忘れさせる（「分離」する）メカニズムが社会秩序を成り立たせているということです。

ついでに言うなら、その秩序が破綻すること、つまりは「分離」が不意に崩れ、上位のものが下位のもののなかに雪崩込んでしまって、また区別がなくなってしまうというのが「パニック」と呼ばれる事態だということです。

「含みつつ抑える」

これをデュピュイは冒頭で、人間社会の成り立ちはアルキメデスの言う梃子のような仕組み（外部の支点を必要とする）によって支えられているのではなく、むしろミュンヒハウゼン男爵の、自分で自分自身を吊り上げるという、荒唐無稽なホラ話《ブート・ストラップ》を思わせると言います。人間社会の秩序はそんなふうに文字どおりの手品のようにして成り立っていると。

そのもっとも基本の形態が、プリミティヴないわゆる宗教的社会の「聖なるもの」です。それは、恐れられると同時に敬われる「異物」で、「外化された暴力」の原型をとどめています。それがさまざまのヴァリエーションに転化し、複雑化して社会の秩序を生み出し支えます。人類学者のルイ・デュモンの扱っている例があげられていますが、この人類学者はこれを「ヒエラルキー」の構造として示しました。社会の上位と下位とは区別されるが繋がっている。たとえば司教（宗教）と王（政治）との関係がそうで、地上の（世俗の）事象に関しては王が優位に立ち司教はそれに従うが、ただし神に関わることでは司教が上位に立つという仕組みがある。ここでは、上位と下位とは基本的には通じているのです。このことをデュモンは、「上位は下位を含みつつ抑えている」と表現していますが、同じもの（威力）が、いわばトポロジックに違うものとして構造化されているのです。

その仕組みは集団に自覚されないから機能するというところがあります。自分の体と、引っ張り上げる手とが、同じひとつのものだとは意識されない。だからブート・ストラップが成り立ちます。沼から抜け出したとしても、それがただ自分で自分の背中を引っぱり上げただけだと知ったとしたら、もう魔法は機能しないでしょう。アワワワワッ、と再び沼に落ちてしまいます。そしてこの「分離」が「聖なるもの」とされるわけです。ご存知のように、「聖なるもの」とはもともと「分離されたもの」という意味です。

キリスト教と自由主義経済

ところがキリスト教は、そのカラクリをバラして公然化し、もはやサクリファイスを無効にしてしまったというのがルネ・ジラールの考えで、デュピュイも基本的にはそれを踏襲しています。キリスト教はイエスただ一人に人類の罪をかぶせてそれを神とし、そのスケープゴートそのものを教義にしてしまったのです。その暴露が「啓示」だということです。

そのためにキリスト教は初めは迫害されますが、その啓示が受け容れられるにつれ、西洋社会は暴力を処理するのにもはや「聖なるもの」なしにやっていかなければならなくなりました。そしてやがて「聖なるもの」なしに暴力を処理する仕組みとして「市場」を作るにいたったというのです。つまり、個人個人の利己的な欲望は野放しにされるが、それが集団の富、福利を生み出すという「自由主義経済」の仕組みです。

けれども、経済にも「自己超越」の契機がありました。つまり自らを外部に投影してその規制を受けるという仕組みですが、経済の場合、政治がその外部としての役割を担っていました。それがいわば近代の古典期ですが、今のいわゆるネオ・リベラルな体制では、経済が政治を呑み込んで言うことを聞かせている。それによって経済は、自分を駆動するはずの「未来」を見失って機能不全に陥っている、というのがデュピュイの見立てです。アダム・スミスの「市場」には「見えざる手」が働いていることになっているし、ヘーゲルの「歴史」にも「理性の狡知」が働いたことになっています。フォイエルバッハはもっと一般的に、「今や哲学は、神学のくびきから離れて人間学＝アンスロポロジーにならなければならない」というようなことを言いました。人間は人間的なものに内在するという、マルクスに受け継がれる立場ですが、神とはまだ十分な自覚に達しない人間の投影された姿だったのだとしたら、それは言い換えれば自覚されたキリスト教、あるいはキリスト教の最終的帰結だったということです。キリスト教はその意味でも、みずからを不要にする宗教だったということになります。

このような説明は、聖なるものを必要とした社会から、それを脱却して社会が現世的になってゆく、そのプロセスをみごとに言い表しています。しかし、われわれの現在はそれには止まれません。なぜなら、すべてが人間（人間的）なんだということになると、こんどは人間の限界が見えなくなってしまうからです。いままでは、ここまでが人間、ここから先は魔か神か、という限界がありました。そして人間の輪郭が見えていたけれども、もはやその輪郭のつけようがなくなる。今度は「人間とは何か」という大きな疑問が生まれてきます。

われわれのいるのはそういう状況です。そこにいかにして「いや、これが人間だ」と言える構造を作り出せるかどうか、それが今の課題だ、ということをデュピュイは言っているのだと思います。それが先ほどの二点目に関することですね。

アンダースと「ノアの寓話」

では、一点目に戻って、破局論について何が言えるのか、考えてみましょう。

繰り返しになりますが、デュピュイが引用する「ノアの寓話」のことです。これはギュンター・アンダースが遺した印象深い小品です。アンダースは三・一一以後思い出されるようになりましたが、日本で一九五〇年代から六〇年代にかけては反核運動（当時はそうは言われず、核兵器禁止運動だったのですが）のなかで知られていたようです。核技術の人間的あるいは超人間的な意味を、初めて本格的に思考した人と言ってよいでしょう。オーストリアでロベルト・ユンク等とともに反核運動を担っていました。衝撃的なのは、広島の爆撃に関わった元米兵クロード・イーザリーとの往復書簡でしょう（『ヒロシマ、わが罪と罰』ちくま文庫）。この往復書簡では、イーザリーの苦悩を通じて、核時代以降、人間社会の正気と狂気が逆転してしまっているということが照らし出されています。わたしなどは黒澤明のまったく当たらなかった力作『生きものの記録』（一九五五年）を想起せずにはいられません。核技術を肯定するさまざまな、科学的、政治的、社会的言説のすべては、もはやまともな理性を麻痺させている、つまり狂気に陥っている。では、そこで可能な正気＝理性とは、ということを深く追及した人です。これについては渡名喜さんがフランスの研究者クリストフ・ダヴィッドといっしょに再読を進めています。

その「ノアの寓話」ですが、誰もノアの予言というか、大洪水の警告を真に受けないけれど、破滅は起こったときにはもう遅い。すべてが無くなるだけでなく、在ったということの意味も無に帰して、まるで無かったことになってしまう。「洪水はまだ来ていない」というのが現実ですから、ふつう人はその現実をもとに先のことを考えます。だから、破滅が実際に来るまでは、予言は信じられない。それが「不幸の予言」の運命です。一方、かろうじてそれを真に受けた人たちは、その予言が本当にならないように、その実現を妨げるために何かしようとする。そしてそれが成功した場合には、破滅は避けられて現実にならず、予言は間違っていたことになる。だとしたら、破局を避けるための努力などは不要だったかもしれない。「不幸の予言」というのはそういう「恩知らず」な事態を引き起こす損な性格をもっているわけです。

だから、たとえ科学者たちの一致した予言であっても、それが真に受けられないのは当たり前だとも言えます。じつは、真に受けられないというよりも、科学者たちの予測をもとに世界規模で社会を方向づけてゆくような仕組みがまったくない、ということも問題なのですが、デュピュイは、「破局」が避けがたいということを「知る」だけでなく「信じさせる」ために、時間意識を変えることを提案するのです。つまり予測を確信として機能させるような仕組みを。それが、最近の著作で何度も繰り返されている「賢明な破局論」、つまり未来の一点から逆照射して現在の姿勢を正す、そういう時間のループを「投企の時間」として提案しています。

デュピュイがアンダースとともに、「ノアの焦燥」を共有しているのはわかります。彼は、「知ること」がそのまま「信じる」ことにはならないこと、言い換えれば実効的な認識にならないことを問題にし、「未来」の認識に確実性をもたせるために、「投企の時間」を受け入れるよう提案するのですが、正直なところそれも、未来に関する知識が確信とならないのと同じように、難しいのではないかと思います。君の言いたいことはよくわかる、でもジャン＝ピエール、それ無理だよ、と。

アメリカ先住民の時間

では、それでは絶望的なのか、というとそうでもないでしょう。デュピュイの考え方は、ジラールに依拠していることからも分かるように、ここにあるもの、人間が生きているというそのことから生じるもの、あるいは生きているということそのものを「悪」として概念化するところから始まります。それは「暴力」で、その制御が社会を可能にしているというわけです。

もちろん生きていることには「暴力的」になる局面もあるでしょうが、それを「悪」として規定するのは、「あまりにキリスト教的な」ということになるでしょう。というのは、キリスト教ではこの世に生を享けたことそのものが「罪」の所産だというのですから。生きていることが、何か肯定的なもの、あるいは天の秩序を壊すもの、として捉えられるから「暴力」や「悪」から出発するという発想になるのであって、それはジラール自身も認めているように、キリスト教的な発想です（しかしそれが「普遍的啓示」だということを彼は主張するわけですが）。けれども、デュピュイはといえば、彼自身も言及しているように、他の世界には当然違う考え方があるわけです。たとえばアメリカ先住民の世界観のことですが、デュピュイは、それは自分たちのものではないから、自分たちはキリスト教的伝統の中から、この袋小路を抜ける道を探さなければならないと、そう言っている。だからデュピュイには「がんばってくれ」と言うわけですが、そのときわれわれの足場になるのは、むしろそのアメリカ先住民の考え方です。それは彼らの間でだけ通用するものではないでしょう。われわれはキリスト教的伝統を理解するように、他のものもまた理解してその普遍的意味を引き出すことができるはずです。

アメリカ先住民の間には、「大地は七代先の子孫からの預かりものだ」という考えがあるといいます。子孫？　それは未来でしょう。それは現実ではない。それも七代先とは。そんな不確かなものに現在を預けるなんて不合理な！　そんなことだからインディアンは未来に向けて「発展」する文明を作れなかったし、「進歩」を知らないんだよ、とヨーロッパ白人つまりキリスト教世界の人間たちは言ってバカにし、揚句に、お前たちを迷妄から解放してやると称してインディアンの世界を破壊し、そこから追い出してしまったわけです。

実は近代ヨーロッパの「進歩」の観念は、キリスト教の終末論的時間、つまり終わりの日が訪れる、そのときに救済が実現する、という時間観念が世俗化して「解放の未来」が「物質的進歩」に置き換わったというのが実情なのでしょう。つまり「進歩」もひとつの信仰の所産なのです。

生を肯定する思考

では、アメリカ先住民たちはどう考えていたのか？　いまここにある大地（世界と言ってもよいでしょうが）、この大地は七代先の子孫から託されたものだ、と考えるのは、いまここにある状態を恒常化して未来に託す、つまり自分たちの世代はそれを守って将来に受け渡す義務がある、とみなすことです。そこにもある種のブート・ストラップがあります。想像のものでしかない未来、そこに想定されたものが現在の営みを律するリファレンスになる。では、このブート・ストラップが何を可能にするのかというと、まず重要なのは、いかなる神でも超越者でもない子孫、ただ期待（希望）を実質化する子孫、現在のわれわれの生存からの絶対的超越などではなく、自分たちもそうして生まれきたし、自分たちもまた続けてゆく「生き継ぐ」ということ、親から生まれる、子を産む、それが受け継がれてゆくということが、不在の未来のうちに想定されているのです。そこから何か「人類の存在」（神のようなと言ってもよいでしょう）といった一般性が構想されるのではなく、ひとつひとつが生きものである人間が、集合として生を紡ぎ生き継いでゆく、その具体的な繰り返しの果てに七代先の子孫があるわけです。それは神でもないし超越者でもない。ただしそこには、キリスト教が目をそむけようとし、西洋形而上学が触れようとしないひとつのファクターがあります。それは「生殖」ということです。そして生まれた者が成長するということ、さらに、成長した者は必ず死ぬということです。それが生き継ぐ、ということで、そこにはさまざまな関係がすでに含意されています。生き継ぐ人びとは、イエスのような「絶対的な個」ではありえないわけです。その関係と継起のなかで、われわれは「途上」にある存在です。そして七代先に同じものが、同じ大地があるのでなければばならない。

われわれはわれわれの世界にそうして生まれ、この世界を継承している。そして、それはこの先にも存在しなければならない。それがわれわれの生の前提であるという思想、それを生きることを「善」としてまず無言のうちに肯定する思想なのではないでしょうか。この大地に私はいる、そのことや「善し」、という思想です（ユダヤ・キリスト教の聖書では、「善し」と言うのは世界や人間を作った神です）。「善し」だからこそ、それを不便だとか不出来だといって「改造」し、所与を否定するその力ばかりを頼む「傲慢」は生まれません。その「傲慢」が創造主である神によって人間には許されていると考え、ここにあるものの無限発展を夢見る、などという発想は生まれません。

未来を留保する自己限定

そうした考え方がずっとよかったというのではありませんが、少なくとも人間が総体として「限界」に直面している現在だからこそ、この「自己限定」の知恵に学ぶ必要があるということです。ここにあるものが七代先にもなくてはならないとなると、現在あるものを保持してゆく、豊かにして受け渡すというのは、われわれの責務になります。すると、これをどう扱うか、を考えざるをえない。物質的生産の豊かさを追い求め、資源が尽きればまた他に資源を求め、略奪生活のような繁栄をともかくも追い求める、といった考えは働かないでしょう。むしろ今ある資源をどう律するか、いかに持続させうるかを考慮することになります。言いかえれば「自己限定」の機制を現在においてもつこと。そういう考えは、悲しいかな、西洋的な伝統からは出てきにくいのかもしれません（イヴァン・イリッチのような人が登場したように、キリスト教思想の周辺にそれがないとは言えませんが）。

人間は生殖によって生を紡いでゆく生きものだということを、西洋形而上学は完全に排除しています。ジョルジュ・バタイユがキリスト教神秘主義の伝統を引き継いで二〇世紀に倒錯的に（あえてそう言います）『エロティシズム』を書かなければならなかったのもそのせいだし、また「子ども」というのを意識するのにも時間がかかっています。ルソーの「エミール」が初めて、子どもを子どもとして扱ったと言われていますが。

哲学はポリスとともに生まれました。それはポリス的秩序にとっての真理の学、あるいは正義の学として生まれたといってもよいでしょう。ポリスの秩序の根本は何かというと、婚姻の神聖化です。バッハオーフェンが描き出したように、それが母権制から父権制への移行の要です。母の「真理」はそのままですが、父の「真理」は証拠で立証しなければなりません。そして蓋然性をより確実なものに、社会的フィクションにするために、結婚の絆は神聖化されなければなりません。それがなければ「父‐子」の関係は「真理」とはなりません。妻は忠実であるはずだ、だから息子は私の子である、それがポリス（男系の権力と秩序）成立の契機です。だから哲学は、人間が生殖する生きものであることをフォローしようとしなかったのではないでしょうか。

続けてゆくとこれはまたデュピュイを離れて大きくなりますので、今はアメリカ先住民の叡智をいかに生かすかの話でとどめておきたいと思います。

【付記】

この稿は二一世紀スポーツ文化研究会（ISC・21）『スポートロジー』第三号（みやび出版、二〇一五年五月）に掲載された前年度の同研究会における講演を、本書の趣旨に合わせて修正したものである。最後は駈け足で話を広げることになったが、そこでの論点は別稿に譲るとして、二点だけ補足的に強調しておきたい。

ひとつは「科学技術の臨界」ということ、もう一点はそれに関連して科学技術という知を人間の生存に「埋め戻す」ということである。前者については講演でも少し触れたが、再確認しておけば、科学技術はある種の動物の伸びすぎた爪のように、「話す生き物」としての人間を脅かしているということである。イヴァン・イリッチが「逆生産性」という用語で表現したことにも通じる。たしかにハイデガーの指摘したように、技術は人間の思い通りに扱える道具ではなく、人間の在りようをも巻き込んでゆく存在そのものの展開の要素だと言える。だが、そうだとしても、その巻き込みがある段階に達したと思われるときに、人間の「自己保存の傾向《コナトゥス》」が働いて、科学技術にある種の「制御」を持ち込むということがあってもよいだろう。たとえその変化が、人間の主体的介入を超えた大きな「存在の展開」のうちにあるとしても、それは「人為のさかしら」を嘲笑うかのような「脱人間化」する動きのなかで、人間が「人間」に立ち止まる「内域」の密度を高めることにはなるだろう。じつはその「内域」が意味の領域、つまり人間的生の領界なのである。人間がみずからの存在の意味を、脱人間化する動きの彼方の「神のようなもの」（ハイデガー）に委ねる必要はない。自己操縦を効かせる、そういう「時」がもう来ているということだ。われわれ人間が、存在の意味への問いの途上で「残りの時」（パウロ＝アガンベン）に向き合わねばならない時期に。

デュピュイは、人間のあり方が、自分の靴の紐を引っ張って泥沼から体を引き揚げる芸当（ブート・ストラップ）にも似ているという。それは自分の魔法に自分がかかる自己欺瞞であると同時に、自己制御、自己抑制の機制でもあるのだ。

そのとき、われわれは科学を人間の生存の側に埋め戻さなければならない。科学によって人間を測るのではなく、人間の生存に根差した科学を練り直すということだ。あるいは、科学がもたらす脱人間的な認識を鏡にして、人間の身の丈に適うところまで科学を引き寄せること。「埋め戻す」という表現は、「離陸」してしまった経済を「社会に埋め戻す」ことを目指したカール・ポランニーから借りている。科学と経済（学）、現代でもっとも力をもつこの二つの認識形態は、人間の生存の扱いに関して並行的な関係にある。科学を

「埋め戻す」ということに関してはすでに先達はいる。たとえば高木仁三郎の『いま自然をどうみるか』（白水社）。高木は核問題を直視して人間と自然との関係を問い直し、科学を現在の「市民」の立場から鍛え直そうとした。ここで踏み込んで論じることはできないが、このテーマは、それぞれに観点の違う本書の諸論文が期せずして提起することになったものでもある。おそらくそれが、いまデュピュイを読むことで導かれるひとつの方向でもあるだろう。

一　J＝P・デュピュイとカタストロフ論的転回　渡名喜庸哲

それはいささか、断崖へと全速力で向かって行くソリに似ている。誰も止めることができず、断崖で実際に破裂する前にすでにカタストロフの状態にあるような、そういうソリだ。

——ギュンター・アンダース『核の脅威』

はじめに

ジャン＝ピエール・デュピュイの名が日本において幅広く知られるようになったのは、とくに二〇一一年三月一一日の東日本大震災以降、その主著の一つ『ツナミの小形而上学』の邦訳が公刊されたのによるところが大きいだろう。それだけに、デュピュイと言えば「破局」の哲学者として注目されることが多い。実際、日本ではそれ以降「破局」ないし「カタストロフ」を主題にした彼の著作が続々と邦訳されることになり、二〇一二年には筑摩書房から『ありえないことが現実になるとき　賢明な破局論にむけて』、明石書店から『チェルノブイリ　ある科学哲学者の怒り――現代の「悪」とカタストロフィ』の二冊の邦訳書が公刊されたし、その後も幾度か日本を訪れ、講演をしている。

とはいえ、デュピュイははじめから「カタストロフ」の問題に関心をいだいていたのではなかった。彼が取り組んできた主題は経済学、認知科学、科学哲学、正義論、宗教論等々と多岐にわたっているが、そのなかで「カタストロフ」の問題それ自体が主題化されていたわけではなかったのである。そこでは本稿は、まずデュピュイが「カタストロフ」

の問題に関心を寄せた状況がいかなるものであったかを確認しておきたい。そうした状況に対し提示されるデュピュイの思想の眼目は、従来なされるようなかたちでの「リスク論」とは一線を画したかたちで「カタストロフ論」を展開するところにあるだろう。その意義を見定めるためにも、本稿では、この二つの考えかたの違いがいかなるものかを確認したい。さらに、デュピュイの言う「賢明なカタストロフ論」は、「リスク論」から区別されるばかりでなく、従来のペシミズム的ないし運命論的な破局論からも区別すべきであるように思われる。こうした差異化を通じて、デュピュイが「カタストロフ論」として示そうとしたものが何であったかをいっそう明白に浮かび上がらせることが本稿の目的である。

一　「さまざまなカタストロフの時代」

「カタストロフ」という語について

本題に入る前に、フランス語の「カタストロフ（catastrophe）」という語について触れておこう。デュピュイの議論はもとより、「災害」に関するさまざまな言説を理解するにあたって、不要な誤解を避けるためにも、この言葉がどのような意味で用いられているのかを確認しておくことは、今もって必要だと思われる。

この語は日本語では「破局」と訳されることが多い。この訳語それ自体は誤っているわけではないが、しかし日本語で「破局」というとどうしてもこの世の終わりをもたらす天変地異のような事態を指す印象を受ける。そうでなくとも、普段この語を目にするのは芸能人や有名人が離婚した場合だろうが、この場合もやはり、それまでの日常生活が破綻し、何らかの終わりを迎えるといった意味が込められている。フランス語の「カタストロフ」にはもちろんそのような「終局」をもたらす劇的な変化という含みはもちろんあるし、これから見てゆくように、デュピュイにとってもこのような含意が重要であることはまちがいない。しかし、フランス語の「カタストロフ」がそういうものだけを指しているわけではないことは理解しておく必要がある。「カタストロフ」という語は、同時に、日本では単純に「災害」と呼ばれるもの、ひいては単に「事故」と呼ばれるものすらも指すことがあるのであって、こちらのほうのニュアンスも忘れてはならないだろう。[*1] この意味では、多少強調したとしても「大災害」ないし「大惨事」と訳したほうが適切な場合もあるし、しかもデュピュイの議論においてですらそのように訳すべき場合もあるのだ。ただ、それではこちらの訳語を採用すればよいかというと、今度は「終局」というもともとあったニュアンスが薄れてしまうことにもなってしまう……そればかりではない。三つ目として、こうした日常の用法とは別に、後に見るように、現代数学で提示されたような「カタストロフ理論」からもデュピュイはいくつかの着想を得ているように思われる。そのため、本稿ではこうした意味の広がりを念頭におきつつカタカナで「カタストロフ」としておこう。いずれにしても、「カタストロフ」がつねに「破局」を指しているのではないことは、フランス語圏でなされている議論を読む際に重要な前提である。

語の整理のついでに、もう一点だけ述べておこう。「破局」（ないし「終局」）と「災害」（ないし「事故」）といううえで確認した二つの意味については、フランス語では（ヨーロッパ言語全般の傾向でもあるが）、それぞれをいっそう具体的に示すのにふさわし

＊1　とりわけ大規模な災害の場合フランス語では「カタストロフ」という表現が用いられることが多いが、英語圏では「災害」を指す場合には、「ハザード」ないし「ディザスター」が用いられることが多いようだ。ただし、「ハザード」のほうはたんなる自然現象を、「ディザスター」のほうは自然現象ではなくそれが人間集団の物質的、社会的、経済的要因と絡み合った事態を指すものと峻別されることもある。この点については特に以下を参照。田中重好「「想定外」の社会学」田中ほか編『東日本大震災と社会学』ミネルヴァ書房、二〇一三年。

い語がある。前者は「アポカリプス」（これは「黙示録」と訳されることが多いが、「終末論」としておくと理解しやすいだろう）、後者は「アクシデント（偶発的な事故）」である。結論を先取りして言っておけば、この両極（つまり、避けられない「破局」と偶然的な「事故」）のあいだで、「カタストロフ」という事態をどのように考えるかという問いこそ、デュピュイの思想の鍵となっているのである。この点については本章の末尾で振り返ることにしよう。

カタストロフの「現象学」に向けて

さて、冒頭でデュピュイが日本で注目を集めたのは二〇一一年以降だと述べたが、注意しておかなければならないのは、彼のカタストロフ論がもともとフランスで提示されたのは、それに先立つ二〇〇〇年代だということだ。たとえばその端緒となった『ありえないことが現実になるとき　賢明な破局論にむけて』は二〇〇四年、『ツナミの小形而上学』は二〇〇五年、チェルノブイリを訪問した印象を綴った『チェルノブイリ　ある科学哲学者の怒り』は二〇〇六年の公刊である。

どうしてその時期にデュピュイがカタストロフの問題を集中的に論じたのか。実のところ、この問題は、デュピュイにかぎらず当時のフランスの言論界において主要な論点の一つとなっていたのだ。デュピュイ自身の『ありえないことが現実になるとき』の冒頭で語られているように、その幕開けは二〇〇一年の〈九・一一〉によってもたらされた。まさに「ありえない」と思われた事態が現実のものとして目の当たりにされたわけだ。さらに、日本ではあまり言及されなかったが、そのちょうど一〇日後にフランス南西部の中核都市トゥールーズの化学工場で大規模な爆発事故が起きたことも見逃せない。少なくとも当時のフランス人にとっては、世界的な連続テロのはじまりという光景が一瞬頭をよぎっただろう。付言すれば、その二年前にボルドー近郊のブレイエ原子力発電所が洪水の影響で運転停止状態に陥り、レベル2の事故を引き起こしたことも記憶に新しかっただろう。同時期の世界に目を向けても、サーズ（コロナウィルス）や鳥インフルエンザといった感染症が世界的な拡大を見せたのも二〇〇〇年代のことであった。〈九・一一〉のような人為的な惨事、ブレイエやトゥールーズでの大規模産業事故、サーズやインフルエンザのような感染症の世界的拡大といった現象のほかにも、二〇〇五年にはスマトラ沖を襲った大地震・津波という自然災害もあった。デュピュイの『ツナミの小形而上学』は、直接的にはこのスマトラ沖大地震・大津波を機縁にしている。ちなみに、同著の第二章は「リスボンからスマトラへ」と題されているのだが、この「リスボン」の記憶も重要である。これは二〇〇五年のちょうど二五〇年前の一七五五年のリスボン大地震を指しているが、この出来事の射程はポルトガルに限定されず、ヴォルテールとルソーとの論争を引き起こし、果てはカントやゲーテにいたるまで一八世紀ヨーロッパの人文思想に対し文字通り衝撃を与えたものであった。二〇〇五年のフランスでは、この出来事をめぐって多くのシンポジウムが開催されたり、編著や雑誌の特集号が編まれたりしたのだが、そのうちのいくつかにはデュピュイ自身も寄稿している。さらに、先に述べたように、デュピュイの『チェルノブイリ　ある科学哲学者の怒り』は翌二〇〇六年のチェルノブイリ原発事故二〇周年に合わせて公刊されたものである。二〇〇〇年代の「カタストロフ」にはさらに続きがある。きわめつきとして二〇〇七年以降に勃発した世界金融危機もまた、経済的カタストロフと呼びうるものであった。

いずれにしても、二〇〇〇年代のフランスは、このようなさまざまな「カタストロフ」が立て続けに生じた時代であった。もちろん、これらの「カタストロフ」はそれぞれ異なる性格を有したものであり、それぞれの差異には留意しなければならないだろう。とはいえ、日本語の「破局」も「大惨事」もどちらもぴったりとした訳語とはならないが、フランス語ではすべて「カタストロフ」と呼ばれるこれらの多様な出来事が、ほぼ同時期に立て続けに生じたこと、このことこそがデュピュイの「カタストロフ論」が提示された背景にあったのである。

こうした情勢を受けてデュピュイがいかなる態度を示したかは、彼が中心となって設立した「グループ二〇四〇」なるものの趣意書と言える文章に鮮明に現れている。二〇〇八年にフランスの文芸誌『エスプリ』で、同グループは「カタストロフを思考する」という特集を組み、その冒頭で次のように宣言している。いささか長くなるが、デュピュイ本人の企てを見定めるにあたっても重要であるので中核となる部分を引用しておこう。

われわれの時代はカタストロフ「なるもの」の時代であるばかりではなく、気象、経済ないし政治、社会ないし医療に関わるさまざまなカタストロフの時代でもあるように思われる。こうした多様性ゆえに、われわれはたんにそれらのカタストロフを考慮にいれなければならないだけでなく、それらを思考すること、その各々についてさまざまなかたちでなされる政治的な利用がどのようなものかを推し量ることが求められている。「グループ二〇四〇」が立ち向かうのはこうした課題である。このグループは、『エスプリ』誌上でのジャン＝ピエール・デュピュイとフレデリック・ヴォルムスの出会いを起点に、科学者、哲学者、人類学者、法学者らを集めて結成された。

さまざまなカタストロフの時代は、数ある時代のうちの一つではない。このことを指摘しておく必要があるのは、〔まず〕未来に関してである。われわれが二〇四〇という年を選んだのは、何人かの専門家の発言を信頼するならば、この年が多くの領域での転換点となるはずだからである（なかでも石油資源の枯渇、地球温暖化）。だからこそわれわれは、オーウェルが一九八四年を選んだのと同様に、地球規模での考察を目的とした半分現実的で、半分神話的な地平として、強い意味での歴史への関係の転換としてこの年を取り上げたのである。だがさらに、過去に関してもそうである。そのことは多くの出来事がすでに指摘していることだと思われる。エイズ、ジェノサイド、テロリズム、地球温暖化といったさまざまな過去の出来事が、各々が一つのカタストロフ、一つの歴史的「後退」の範例であるかのようにして、一つのものへと収斂する。だからこそ、時間や行動に関する新たな関係が生じるのだ。

しかしカタストロフの時代が求めるのはまず、さまざまな領域についての分析を起点として、ある種の現象学がそれ自身として描かれることである。そこから新たなイデオロギーを導出したり、あるいは非難したりするためではなく、さまざまな内的な差異を許容するような議論の用語を明確化するためである。このグループをまとめているもの、それはカタストロフを真剣に捉えるということである。なぜなら、カタストロフの用法自体がさまざまであり、それぞれが問題含みだからだ。*2

冒頭で述べているように、問題は、「世界の終わり」のような、一回的で究極的な「カタストロフなるもの」ではない。むしろ、先に見たような「さまざまなカタストロフ」の多様性と同時性が問われている。ただし、「さまざまなカタストロフ」が「一つのものへと収斂する」可能性はけっして否定されない。その一例として、今日日本でもよく言及されるようになってきた「複合災害」を思い浮かべてもよいだろう。問題はまさしく、そうした「さまざまなカタストロフ」が「収斂」して、一つの事態、現代という一つの時代を構成するということだ。そして、ここでなにより注目すべきは、「二〇四〇」という数字が象徴的に用いられていることである。すなわち、専門的な見地を援用してみても「二〇

*2　Groupe 2040, "Introduction. Penser les catastrophes", in *Esprit*, mars/avril 2008. 訳出にあたっては部分的に省略をしている。

四〇年」に気象の激変や資源の枯渇などによって地球規模での劇的な「転換」がもたらされると推定することは、もちろんなかば空想的であるが、しかしさほど非現実的ではないと述べ、それをもって「グループ二〇四〇」のある種の共通認識としているのだ。

したがって、SF的な「世界の終わり」やそれについての「不幸の予言」を学術的な体裁で言い立てることがこのグループの目的なのではない。その目的は、多種多様な「カタストロフ」（この場合は「災害」、「事故」も含まれる）の差異に留意しながら、「ある種の現象学」、すなわち、さまざまなかたちで現れる「カタストロフ」の現象を貫くある種の「本質」を見通すような、そうした分析を提示することにある。上の文章を巻頭に置く『エスプリ』誌の続く本論では、この姿勢を共有し、「カタストロフを真剣に捉える」ことをめざした多分野の論者がそれぞれの分析を試みている。それらを網羅する余裕は本稿にはないが、その理論的な土台を提示しているデュピュイ自身の議論がどのようなものかをもう少し詳しく見てゆくことにしよう。デュピュイその人にとっては、上の引用に見られるような、「カタストロフの時代」における「時間や行動に関する新たな関係」の哲学的な（あるいはデュピュイ自身の言葉で言えば「形而上学」的な）検討こそが決定的な意義を有した問題であることが見てとられるだろう。

二　リスク論からカタストロフ論へ

リスク概念の由来

ところで、一般的に言って「カタストロフ」をめぐる問いとしてもっとも本質的な問いは、「大惨事」にしても「破局」にしても、何が「カタストロフ」かではないだろう。というのも、どういう事態が「カタストロフ」なのかがあらかじめ分かっていれば、それは「カタストロフ」にはならないからだ。むしろ問題なのは、いまここでは想定することも、準備することも、したがって予防することもできないような、そういう想定外のもの、偶然的なもの、不確実なもの、ありえないことが不意にやってくるとすればどうすればよいのか、ということだろう。『ありえないことが現実になるとき』を自らの「カタストロフ論」の標題――もともとの仏語版では副題であった――にするデュピュイが取り組んでいるのは、大きく言えばこうした問いである。

とはいえ、周知のように、こうした問い自体はなにも新しいものではない。それは、人類の歴史において、いや、それほど大がかりでなくともわれわれの普段の生活においても、いくども発せられた問いにすぎないとも言える。

今日では、こうした問いに取り組む場合には、多くの場合「リスク」という考えが用いられる。明日の遠足で雨が降ったらどうしよう、来週の試験で腕時計の電池が切れたらどうしよう、という些細な気がかりからはじまり、マンションを購入したいが地盤は大丈夫だろうかといった懸念はもちろん、原子力発電所の再稼動や宇宙ステーションの建設・修繕にいたるまで、広範囲にわたってさまざまなレベルで「リスク」の考え方が用いられている。デュピュイがこれをどのように捉えているかを見るまえに、「リスク」概念それ自体について簡単に触れておこう。*3

語源をさかのぼるととても長い歴史がある。この言葉自体の起源についてはいまだ諸説があるようだが、いわゆる「リスク」という考えが生まれたのは中世のイタリアにおける海上保険の歴史とともにであったようだ。自分の取引する荷物が、予期せぬ遭難で台無しになったらどうするか、そうしたシェークスピアの『ヴェニスの商人』を思わせるような場面とともに「リスク」という問題が生じてきたと言われている。その後、一七世紀に入ると、舞台は海上交通から賭場へと移り、主役は自分の荷物の運命を案じる商人から、サイコロの目と自分の出資額とをにらめっこする賭博師およびその援助者の数学者へと変わる。サイコロの目の出方はけっして「運」まかせなのではなく、合理的に計算しうる法則性を有するのではないか――こう考えた数学者は、何が出るかわからないはずの賭け事にどれくらいのお金を賭ければ利益が最大になるかを、データの分析と計算でもって解き明かすことになったわけだ。「運」は、神のみぞ知る僥倖や災厄ではなく、自然にあることになる。信じることよりも計算することが重要になる。自然には何らかの法則があり、したがって、人間が問題の事象の起こる場合を数え上げ、計算をし、法則を読み解くことができれば、認知可能になるからだ。この意味で、「リスク」概念が、確率論や統計学の発展と同時並行的に練り上げられていったものだということは強調してよいだろう。そこに一貫して横たわっていたのは、予期せぬ出来事を想定し、それが起こる確率を求め、そうした事態を防ぐための、あるいはそうした事態が起きても大丈夫なような振る舞い方を定める、そういう発想であったと言えよう。不確実な事態の可能性をまえに、大数の法則をはじめとする確率計算、統計的手法を用いることで、偶然的な事象のなかにある程度の

＊3　「リスク」概念の変遷については、以下がわかりやすい。ピーター・バーンスタイン『リスク――神々への反逆』青山護訳、日経ビジネス人文庫、二〇〇一年。また以下も参考になる。海上ほか「概念としての「リスク」に関する小考察」『日本リスク研究学会誌』二二（二）、二〇一二年。

必然性を備えた法則を見つけ、どのように「合理的」に「意思決定」するか——イアン・ハッキングの名著のタイトルをもじるならば、いかにして「偶然を飼いならす」[*4]か——、これがリスク概念を支える根本的な構えとなっていった。

さて、デュピュイのテクストでリスク概念についてまとまった記述があるのは、『ありえないことが現実になるとき』第一部および『聖なるものの刻印』第二章である。デュピュイが「リスク」をどのようなものとして考えているかについては、特に後者にまとめられている。それによれば、「リスク」は次のような三つの要素からなる。

第一に、望ましくない出来事がまず想定される。
第二に、その出来事がどれくらいの確率で起こりうるか。
第三に、それが帰結としてどれくらいの損害を与えるかが問題となる（『聖なるものの刻印』86／九八）。

この理解はきわめて一般的なものだろう。ここに含まれているのは、望ましくない出来事について、確率論や統計学の手法を用いて、その発生頻度、発生時の影響、損害額などを定量的に評価するという姿勢である。そこでは、「費用便益《コスト・ベネフィット》」分析の考え方が用いられている。確率的に発生頻度が小さければ、その事象それ自体にかかる費用や損害がどれだけ大きくとも、全体を通じてより大きな利益《ベネフィット》が期待できれば、「リスク」としては受容可能となるということだ。デュピュイがリスク論について論じるとき、こうした確率論的なリスクを定量的に評価するという考え方を念頭においているのは間違いない。

けれども、このようなリスク論的な考えに対するデュピュイの立場ははっきりしている。すなわち、「ありえないこと」に直面したさいに、こうした「リスク」の思考に全面的に依拠しようとする枠組みは乗り越えなければならないというのがそれだ。『聖なるものの刻印』ではこう述べられている。「肝心なのは、リスクという概念およびリスクの経済学的な計算が一緒になって、人びとの精神に及ぼしている独占権を緊急に問いただすこと」だ（『聖なるものの刻印』86／九八）。別の言い方をすれば、これまでのリスク概念だけをもってしては、現代のような「カタストロフの時代」において生じうる「ありえないこと」に

＊4　イアン・ハッキング『偶然を飼いならす――統計学と第二次科学革命』石原英樹・重田園江訳、木鐸社、一九九九年。なお、「偶然」の問題全般をめぐっては、竹内啓『偶然とは何か――その積極的意味』岩波新書、二〇一〇年を大いに参照させていただいた。

対処するには不十分だということだ。

　ここで注意しておくべきは、デュピュイはけっしてリスク論を全面的に批判しようとしているのではないということだ。それが対象としうる領域においてはその考え方は十分有効なのだろうが、原理的にこの方法論が適用しえない領域――目下の場合には「カタストロフ」――においてもリスク論だけに依拠しようとする姿勢、これを問いただされなければならないと言うのである。

リスク、不確実性、カタストロフ――認識論的不確実性と存在論的不確実性

　リスクとカタストロフの差異を見るにあたって、改めてこれまでなされてきた「リスク」概念についての学説史を若干振り返っておこう。デュピュイの「賢明なカタストロフ論」は、哲学ばかりでなく経済学や自然科学などの知見に基づいたものであるため、彼の論を評価するにあたっては、それがどのような議論に立脚しているかを見定めておかなければならないからだ。

　まず重要なのは「リスク」と「不確実性（uncertainty）」とを区別する考え方である。「リスク」と「不確実性」の区別については、二〇世紀の前半にフランク・ナイトとジョ

ン・メイナード・ケインズが理論的な整理を行なって以降、経済学の分野では常道となっている。両者とも偶然的で予期せぬ事象を問題とするが、一方の「リスク」が過去のデータに基づいて数学的計算・統計的計算を用いて客観的確率で測定することができるものを指すのに対し、他方の「不確実性」はそのようなアプローチができないもの、つまり測定できず、したがって数量化もできないものを指す。とりわけナイトによれば、「リスク」が「アプリオリな確率」（サイコロの目のように数学的な計算で求められるもの）もしくは「統計的確率」（平均寿命のように経験的データから求められるもの）によって規定されるのに対し、「不確実性」は主観的な推定や判断に属する。ちなみに、ナイトは「不確実性」が主観的であるために理論的考察の対象から外されるべきとしたのではなく、まったく逆に、これまで排除されてきた領域に光をあて、たとえば企業家が不確定な条件のもとで行なう合理的行動という問題を考える理路を開いたとされている。[＊5]

不確実な状況における合理的行動という主題は、デュピュイにとっても無縁ではない。

＊5　酒井泰弘「フランク・ナイトの経済思想――リスクと不確実性の概念を中心として――」CRR DISCUSSION PAER SERIES, Discussion paper, No. J-19, 滋賀大学経済学部付属リスク研究センター、二〇一二年。

そればかりか、むしろ「賢明なカタストロフ論」という逆説的な立ち位置の要石をなしているると言っても過言ではなかろう。ただし、デュピュイは「リスク」と「不確実性」の区別はふまえているけれども、ここで決定的なことは、彼はそれを踏襲するのではなく、分割線を「リスク」と「不確実性」のあいだではなく、いっそう根底的なところに引かれるべきだと考えているように思われることだ。デュピュイはそう術語化していないけれど、この根底的な区別とは、「リスク」と「不確実性」の双方を含む「認識論的」不確実性と、それとは原理的にことなる「存在論的」不確実性との区別であるとさしあたり言っておくことができる（「認識論的」、「存在論的」というのはデュピュイの用語ではなくわれわれの用語である。その意味については追って述べてゆく）。

この根底的な区別がいかなるものかを見るために、「リスク」と「不確実性」とをデュピュイがどう捉えているかを見てゆこう。デュピュイは、ナイト以降の二〇世紀の数学や統計学のなかで出てきた議論を用いて、「リスク」と「不確実性」の区別が成り立たなくなるという事態に注目している。デュピュイによれば（『ありえないことが現実になるとき』第六章）、「主観確率」という考え方を導入すると、確率化可能な「リスク」と確率化できない「不確実性」との区別がもはや妥当ではないことになる。主観確率を容認するベイズ主義というのは、これまでのような、観測に基づきある事象が生じる頻度を問題にする客観確率と異なり、主観的な信念ないし信頼の度合いをも確率として認める立場を言う。経験によって確信の度合いが異なったり、個人的な信念のみが当てはまったりするような、これまでは確率化できないとされてきた事象についても、この考え方によれば（主観）確率として扱うことが可能になる。そうなると、これまで客観的確率による測定の埒外に置かれていた不確実性も、確率論的な評価の対象に組み込まれることになり、「リスク」と同等に扱うことができるというわけである。

ちなみに、『ありえないことが現実になるとき』では、この「リスク」と「不確実性」の区別の無効化の議論は、直接的には「予防原則」批判のための理論的な基盤として用いられている。デュピュイによれば、「予防原則」の理論は、「リスク」と「不確実性」の対立を「明白なリスク」と「潜在的なリスク」の対立として捉えなおし、前者に対しては「防止」を、後者に対しては、リスク論的に対処することが困難だという理由から「予防」（事前配慮）を割り当てる。だが、先に見たように、主観確率の考え方によって、「予防」が対応する「潜在的なリスク」のほうも、確率論的リスク評価の対象になってしまうのだ。

だが、われわれの関心は、リスクと不確実性の区別の無効化から、デュピュイがどのようにいっそう根底的な区別というものを提示するかにある。デュピュイの主張を追うと、区別しなければならないのはそれぞれ「認識論的」不確実性と「存在論的」不確実性と呼ぶことができるものであるように思われる。今見たように、「主観確率」の考え方によれば、「リスク」も「不確実性」も、「客観的」であれ「主観的」であれ、どちらも確率論的評価の対象になる。いずれにおいても、事象が不確実であり、予測ができないのは、われわれの主観の問題、つまり事象を考察するわれわれの認識が欠けているためだということになる。これがわれわれが「認識論的」不確実性と呼びたいものである。その場合、リスク評価や解析の精度を上げるなどわれわれの「認識」を向上させれば「不確実性」を「リスク」として処理することが可能になるであろう。予防原則のいう「完全な科学的確実性の欠如」に対し、科学的確実性の向上を求める立場は、この「認識論的」不確実性の領域に含められると言えるだろう。これに対し、「存在論的」不確実性のほうは、不足している知識や手段を補えば予見や予測が可能になるものではない。ここでは事象それ自体が、その存在様態において不確実性を帯びているのだ。そこで問題となるのは、人間の認識能力の有限性そのものである。なるほど無限な認識をもったコンピュータ（あるいは神のような存在）であればできるかもしれないが、われわれ人間主体のほうは、認識が有限であるために、この意味での不確実な事態は原理的に予測しえない。これこそが「存在論的」不確実性と呼びたいものである。このことをデュピュイは次のように説明している。

運がわれわれにとって予測不可能であるのは、知識が不足しているからではない。それならば、より研究を進めれば埋め合わせることができるだろう。［…］われわれの有限性とは、所与の人間の条件なのであって、それを乗り越えることはできないのだ（『チェルノブイリ　ある科学哲学者の怒り』153／一七八）。

以上のような理路を経ることで、デュピュイが「カタストロフ」と呼ぶものがどのようなものかが徐々に見えてくる。彼にとって、「リスク」も「不確実性」も、いずれも「認識論的」不確実性の領域にとどまる。これに対し、彼が「カタストロフ」と呼んでいるものは、少なくとも「存在論的」不確実性の領域に属する。つまり、予見や予知の精度をいかに向上させていったところで、人間に特有の認識の限界ゆえに、予測することができないものだとさしあたりまとめておくことができる。

だが、こうしたデュピュイの言い回しに対しては疑問も生じるだろう。もし「存在論的」不確実性が問題なのだとすれば、結局のところ、「カタストロフ」そのものは、「運」や「偶然」、ひいては人間の認識がけっして到達することのできないものになってしまうのではないか。知識を向上させ、予測・予知の技術を改良していっても原理的に認識できないのであれば、それは単なる不可知論なのではないか。運だからどうしようもない、ということになりはしまいか。

二つの理論的な土台——「決定論的カオス」と数学的「カタストロフ理論」

ところがそうではないように思われる。むしろ、この「存在論的」不確実性における、いわば「運のどうしようもなさ」に対し、単に悲観的、消極的な不可知論にとどまるのではなく、精緻な理論的な枠組みを与えることこそがデュピュイの「賢明なカタストロフ論」の課題であるとすら言えるのだ。そのさい、彼は哲学の議論だけでなく、自然科学の領域で提示されてきた次の二つの考え方に依拠しているように思われる。第一は、複雑系をめぐる議論のなかで提示された「決定論的カオス」という考えであり、第二は、一九七〇年代にフランスの数学理論のなかで提示された、まさしく「カタストロフ理論」である。

決定論的カオスから見ていこう。「決定論」というのは、初期値が与えられていれば、その後の経過が必然的に定まることをいう。これに対して、「決定論的カオス」というのは、このような決定論的なプロセスに従っているものの、初期値の微妙な誤差が帰結において甚大な差異を示すため、長期的な予測がほとんど不可能になるというものである。

システムの最初の段階の小さな変動は、増幅させられ、完全に偶発的で、ひょっとしたらカタストロフをもたらすかもしれないものの、内部では宿命に従っているような方向性をシステムに与えることになる。システムのこの力学ないし時間性は、当然のことながら予見とは相容れないものである（『ありえないことが現実になるとき』133／一二四）。

ここに見られるように、システムは、その複雑性ゆえに、予期しえないような帰結を導いてしまうことがあっても、そのプロセスはまったくの偶然なのではなく、なんらかの法則性を有している。逆に言うと、それ自体としては客観的な法則を有し「必然」的に振舞っている現象であっても、その過程があまりにも複雑であるために、人間にとっては予測不可能だということである。

このことから、次のように言えるだろう。デュピュイにとって、「存在論的」不確実性をもつ「カタストロフ」ということで問題になっているのは、絶対的な与見不可能性でも、純然たる偶然——あるいは究極的な「運」のようなもの——ではない、ということだ。まったく原因不明の現象が突如生じて地球の一部が破壊されるとか、そういう事態が問題なのではない。そうではなく、人間の有限な認識能力では予期・予測をすることはきわめて困難だとはいえ、なんらかの法則性に従っており、その意味では「宿命的」ないし「必然的」とすら言えるような事態が問われているのである。

そのような事態の奇妙な特徴を先取り的に指摘しておこう。こうした構造ゆえに、なんらかの「カタストロフ」的事象が生じた場合、「後」から見れば、その法則性のいくばくかを捉えることができる。しかし、「前」においてはその法則性を見てとることはほとんどできない。いや、もし法則性に気づいたとしてもいつそれが生じるかはわからない。そうした「必然」と「偶然」とが混じりあう事態こそが、デュピュイの言う「カタストロフ」において問題となっているのである。

このような「カタストロフ」の特異な構造をいっそうはっきり理解するためには、一九七〇年代にフランスの数学者ルネ・トムによって考案されたカタストロフ理論を補助線とするのがよいだろう。デュピュイは実はことあるごとにこの理論のことを示唆しているのだが、とはいえ「賢明なカタストロフ論」を展開するのに、かつて一世を風靡した数学理論に言及する気恥ずかしさがあってのことか、言及の仕草はつねにあいまいである。とはいえ、彼が創設したCREA（理工科学校・応用認識論研究センター）では、七〇年代から自己組織化や形態生成の問題をめぐって議論をしており、そのなかでアンリ・アトラン、イリヤ・プリコジンとともにカタストロフ理論の考案者であるルネ・トムも議論に加わっていたことは確かであるし、そうした事実関係は措くとしても、理論的な関連は明らかである。

ルネ・トムのカタストロフ理論は、単純化して言えば、ある程度の構造安定性を備えた生物や物体、さらには社会現象などが示す非連続的で質的な形態変化を説明する数学理論である。[*6] この場合のカタストロフというのは、災害、事故でないのはもちろん、いわゆる「破局」的出来事ですらない。それは、特定の関数で表すことができる安定した構造をもった状態が、ごくわずかな変動が与えられ、臨界的な状態に達すると、その形態が急変

＊6　ルネ・トム『構造安定性と形態形成』彌永昌吉・宇敷重広訳、岩波書店、一九八〇年およびルネ・トムほか『形態と構造』みすず書房、一九七七年を参照。

するという事態全般を指している。相互作用の複雑さゆえにそれまでの物理学や量子力学によっては定式化が困難とされてきた、非連続的で不安定的な現象の突然の質的な変化を説明してくれるこの理論は、純粋数学理論の枠組みをはるかに超え出て、生物学、経済学をはじめとするさまざまな領域に応用されていったのだった。

以上から、デュピュイの議論との関係を見据えて要点をまとめなおすと次のようになる。第一に、数学的なカタストロフ理論が説明しようとしているのは、そもそもニュートン物理学に代表される古典的物理学のように、法則を用いて決定論的に記述することは不可能であるし、かといって統計力学的な記述も困難な事象である。これまでの統計力学は、一定範囲の要素間の「全体」を定量化・数量化して均質的に理解することをめざしている。これに対し、カタストロフ理論は、それぞれの要素の局所的な力学にもとづき、「全体」の質的な形態変化を説明しようとするものである。第二に、「原因におけるわずかの差が結果における大きな差を引き起こす」と述べたのはアンリ・ポアンカレであったが、カタストロフ理論もまた、決定論的カオスに類した考えを認めている。それ自体は微小な要素の変化が、ある臨界点を超えると、構造全体に対する転換をもたらすことが問題なのだ。しかもトムにとって、質的な転換は、あくまで「決定論」的なプロセスに従っており、だからこそそれは数学理論によって説明しうるのである。第三に、トムの解説者によれば、「一見したところ均質な要素の集合であっても、全体としてながめれば、質的差異を画する「仕切り」のようなもの［…］が存在する」[*7]。こうした非連続的な形態変化をなす「仕切り」ないし臨界ということこそ、ここでの「カタストロフ」と呼ばれているものにほかならない。

さて、本章の冒頭において、一般的な意味での「カタストロフ」という語について、「破局・終局」と「災害・事故」というニュアンスの異なる二つの意味を与えておいたが、この地点から振り返って考えてみれば、これらはいずれも語義的な区別にすぎず、実質的な区別ではなかったことを指摘しておく必要がある。最愛の人一人と死別することは当人にとっては「破局」かもしれないが、対して、三〇万人が犠牲となる「災害」や「事故」もあるだろう。この意味では、「破局」、「災害」、「事故」などの区別は量の差、あるいはそれに対する認識の差にすぎなかったと言うことすらできるかもしれない。少なくとも、リスク論的な考えに基づくならば確かにそうであろう。というのも、全体にとって犠牲と

＊7　宇敷重広および佐和隆光「カタストロフの構造」ルネ・トムほか『形態と構造』みすず書房、一九七七年所収。

なるコストと期待されるベネフィットとを定量的に考慮するような見方においては、当事者にとっていかに「破局」と見えようとも、その出来事は、そもそも個別的、特異的な「質」は考慮されず、計算可能、交換可能な「量」ないし「値」に置換されるからだ。

この点で、「カタストロフ理論」に基づいた場合、デュピュイにおける「カタストロフ」は次のように定義しなおすことができる。それは、たんなる「破局」でも「事故」でもない。「想定外」の「偶発時」というのでも不十分である。それは、「存在論的」不確実性の意味で予期不可能ではあるが、とはいえなんらかの「決定論的」プロセスに従って発生しうるものであり、かつ数量的・定量的な評価によって測られないような質的な転換をもたらす臨界現象だということができるだろう。

カタストロフの時間性

「カタストロフ」はその「後」から見ればある種の必然的なプロセスに基づいているとはいえ、その「前」においては予期することができない偶然的な事象として現れる——このようなパラドクスをデュピュイが提示する背景には、以上のような理論的な前提があることを見てきた。しかし、先に述べたように、こうしたパラドクスを哲学的に表現しなおすことこそが、「賢明なカタストロフ論」にとっての中心課題なのであった。そして、その要点は、これもまた先に示唆したように、「カタストロフの時間性」という特異な時間概念を提示することにあるということができるだろう。そこで本節では以上の議論に基づいて、デュピュイ自身がこの時間概念をどのように描き出すのかを、今度は哲学的な文脈から確認しておきたい。

この時間概念は、いくつかの著作で繰り返し言及されているように、ベルクソンの発想に着想を得ているものである。問題になるのは、とりわけ「可能態と現実態」というテクストに見られる次の引用である。

> 私は、芸術家はその作品を創造するにあたって可能態と現実態とを同時に創造する、ということが明白になるものと思う。[*8]

＊8　ベルクソン『思想と動くもの』河野与一訳、岩波文庫、一五六頁。なお河野訳では「可能性と事象性」と題されている。訳は文脈に合わせて修正させていただいた。なお、これについてはとくに『ありえないことが現実になるとき』11／一二頁および第一〇章も参照。

通常の考え方からすれば、ある作品が創造されるのは、あらかじめ構想されていたものに具体的な形態が与えられ、現実に存在するものとなることによってだ、となるだろう。過去において「可能」であったものが、現在において「現実」となるということだ。だが、ベルクソンは、優れた作品の創造にあっては、「可能態」は過去にあらかじめあったのではなく、現在の現実態と同時に創造されると言っている。過去が現在をつくるのではなく、現在が過去をつくるということだ。このような考えは、一見すると矛盾した突飛なものに見える。しかし、前代未聞のものの「発明」という観点から優れた芸術作品の創造のことを考えみるとそれほど理解できないことではない。実際、これから作られることになっている作品の構想がすでに出来上がっていたのだとすれば、それがその後に完成されたとしても、さして驚きはもたらさないだろう。それは予定されたもの、あらかじめ想定されていたものができたにすぎず、それについてはふつう「制作」とか「(再)生産」とは言っても「発明」とは言わないからだ。新たなものが「発明」されるとき、それが本当に「前代未聞」であるならば、まさしくそれは「前代」においては「未聞」だったのでなければならない。この意味で「可能態」(それがかつて可能であったという状態)は、芸術作品の創造に先立つというよりは、「現実態」が生み出されたときにはじめてそれとして知られることになる。そこではじめて「かつて可能であった」ことになるわけだ。

ただし、この逆説的な関係性にはもう一つ重要なポイントが潜んでいる。すなわち、いったん前代未聞の芸術作品が創造されてみると、可能態もそのときに同時に生み出されたはずであるのに、事後的に振り返れば、新しい発明品がどうして可能だったのか、どういう原因によるのかについての「因果」的な説明も可能になってしまうということだ。

このような逆説的な時間観こそ、デュピュイの「カタストロフの時間性」の根底にあるものにほかならない。ベルクソンの言う創造が、不可逆的な質的転換をもたらすものであることは明らかだ。過去と同質のものの（再）生産は、創造と呼ばれないだろう。そればかりではない。ベルクソンの言う「現実態と同時に可能態が生み出される」という発想は、「偶然」に見えるが「必然」であるという「カタストロフ」の二重性をそれなりに明らかにしてくれる。「発明」ないし「カタストロフ」が生じる臨界点に先立つさまざまな要素を眺めてみても、そうした要素それ自体にはなんら「創造」をもたらす兆しはないだろう。だが、それが生じた「後」になれば、事後的に当該の要素がまさしく「兆し」であったことが理解されるだろうし、因果関係を説明することができるようになるだろう。しかし、この「兆し」は、そもそもそれが生じた「後」になってからしか分からないのだ。このように「カタストロフの時間性」とは、たんに不可逆的な質的転換をもたらすような突発的・瞬間的な闖入を指しているのではなく、それに先立つ「兆し」は事後的にしか理解しえないという逆説を含んだものだと言えるだろう。しかし、もう一つ厄介なことがある。それは、そのような出来事がいったん生起してしまうと、「カタストロフ」としてではなく、日常の一コマとして理解されてしまうということだ……。事後的には因果性に従った当然のものと見えるからだ。こうした一連の逆説こそ、デュピュイによれば「カタストロフ」の本質に宿るものにほかならない。

カタストロフがおそろしいのは、単に、それが起きるだろうと知ることにはいくつもの理由があるのにもかかわらず、それが起きるだろうと信じることがないからという理由ばかりではない。一度それが起きてしまったら、それは通常の道理に基づくものに見えてしまうからなのだ。カタストロフはそれが現実のものとなる前には起こりうるものとは思われていなかったのに、カタストロフの現実そのものが、カタストロフを凡庸なものにしてしまう（『ありえないことが現実になるとき』84／八〇‐八一）。

三　運命論的カタストロフ論から賢明なカタストロフ論へ

以上のように、デュピュイの議論の目的は、冒頭に引用したグループ二〇四〇の声明文に述べられていたように、「さまざまなカタストロフの時代」にふさわしい、われわれの「時間や行動に関する新たな関係」を描きだす「現象学」を提示し、「カタストロフの時間性」という特異な時間概念を示すことにあったと言えるだろう。だが、「時間と行動に関する新たな関係」を描きだすことが目的なのであれば、「行動」のほうはどうなっているのか。なるほど、デュピュイの想定しているような「カタストロフ」というのがそれなりの理論的・哲学的な議論に支えられたものであるにせよ、「カタストロフ」を防ぐことが問題なのだとすれば、結局のところ、実践的な次元においてはやはりリスク論的な態度をとらざるをえないのではないか。われわれのなすべきは複雑化するシステムのスピードになるべく追いつき、不確実性を減らしてゆくように努力すべきということではないか。だとすると、「賢明なカタストロフ論」なるものは、なるほど数学理論や哲学理論によって武装し、それなりに洗練された議論なのかもしれないが、つまるところおそるべき破局を言い立てるだけの運命論、悲観論なのではないか。

いっそう厄介なのは、デュピュイ自身、自らの議論が「運命論」であることを認めてしまっていることだ。「私は本書で、人間に襲いかかる悪についての「運命論的」解釈を擁護したいと考えている」(『ありえないことが現実になるとき』50／四九)。

とはいえ、おそらくデュピュイは素朴に運命論を擁護しようとしているのではあるまい。「賢明なカタストロフ論」の実践的な射程というものがもしあるのだとすれば、一見すると人間の「自由」とは背反するように見える「運命」の問題をあえて提示することにこそ、デュピュイの挑戦があるように思われる。デュピュイはここであえて「運命論」という語を用いることで、これまでの「運命論」的な解釈が陥ってきた隘路を認識したうえで、それでも「「運命論的」解釈」を採用しなければならないという要請を引き受けているように思われるのだ。

思い起こしてみると「カタストロフ」を論じる議論に対し、「運命論」だとか「悲観論」だとかという批判はよくあるけれど、しかしそういう批判のなかで、「運命」について自ら真剣に考察しようと試みている議論はあまり見当たらないように感じられる。リスク評価や解析の精度を上げるべきだといった議論のなかには、「運命」の姿を真剣に捉えようというよりは、せいぜいのところ「運命」について考えることを他人に委ねたり、あるいは数十年後のわれわれの将来について考察することすら先延ばしにしているだけのものも散見される。あたかも、それが「運命」なのであれば、それを甘受するのは仕方ないと言っているかのようにである。これに対し、「運命論」であることを引き受けるデュピュイの議論は、むしろ、「運命」とは対極にあるとみなされるわれわれの「自由」や「実践」について、たとえそれがミニマルなものであっても、いっそう根源的な問いを提起しようとするものであるように思われる。

ここでの問いは次のようになる。「カタストロフ」が運命的、あるいは「必然的」なのだとすれば、われわれの「自由」な「実践」にはどのような意味があるのか。そもそも「必然」に抗うように振る舞うことは可能なのだろうか。ちなみに、こうした問いに応えることが、「カタストロフ論的転回」の第二として提示したいもの、すなわち「運命論的カタストロフ論」から「賢明なカタストロフ論」へという転回の課題である。

「運命論的カタストロフ論」の筆頭には、マルティン・ハイデガーの技術論が挙げられるだろう。「総駆り立て制」などと訳される「ゲシュテル」なるものが、現代の技術のあり方を規定しているばかりか、その技術のもとに生きるわれわれ人間のあり方、「存在様態」をも規定している、しかもそれは「歴運」という歴史的な運命なのだと言うのである。ハイデガーの議論が、いわゆる「運命論」であるかは議論の余地があるだろうが、それが二〇世紀の哲学的技術論における「運命論」ないし「宿命論」的な論調を準備したことは否定できないように思われる。人間の道具にすぎなかったはずの「テクノロジー」が、次第に「自律」化し、逆に人間を支配するにいたっている――スタンリー・キューブリックが『二〇〇一年宇宙の旅』で描いたような光景に、哲学者たちもそれぞれのしかたで取り組んだのであった。たとえば、ギュンター・アンダースは、人間が科学技術社会のなかで、「アポカリプス」に麻痺し、想像力すらも奪われてゆくさまを「技術全体主義」と呼んだ。他方で、「技術と文明」について多くの思索を残したアメリカのルイス・マンフォードにあっては、同様の機制は「メガ・マシーン」と名付けられることになる。フランスにおいては、「テクノロジーの自律」を批判的に描き出した哲学者であるジャック・エリュールの名前を挙げることができるだろう。いずれにあっても、技術が、本来その作者・統御者であった人間の手を離れ自律した一つの「システム」を構成してゆくさまが描かれている。こうした哲学的な技術論においては、現代社会における「技術」の脅威が説得力を伴って描かれることが多い。とはいえ、こうした運命論的カタストロフ論は、科学技術システムの「自律」(あるいは「暴走」)を強調し、「カタストロフ」、あるいはむしろ終末論的破局という意味での「アポカリプス」が避けられない「運命」となっていることを言い立てるあまり、それに対する人間の側からの働きかけやイニシアティブ――マネジメントであれガバナンスであれ予防であれ、あるいは科学的測定の制度の能力の向上であれ、はたまた熟慮に基づく討議やリスク・コミュニケーションであれ――を考えることが困難になる論理構成をもっているのではないか。われわれの「自由」が入り込む余地はそこにはないのではないか――こうした疑念を払拭するのはなかなか難しい。

歴史の時間と投企の時間

デュピュイはいま名前を挙げた思想家たちからかなりの影響を受けているのだが、それだけにいっそう、自らの議論が逃げ場なしの運命論に陥らないよう細心の注意を払っているように思われる。いずれにしても、人間の力を過信し運命をなきものとする楽天的な傲慢さと、運命を呪うばかりの悲観主義とのあいだに広がる領域にあって、デュピュイは「運命」と「自由」、「必然」と「偶然」の絡み合いを考えようとしていることはまちがいない。この点にこそ、「賢明なカタストロフ論」が「賢明」たる所以が、つまり、「さまざ

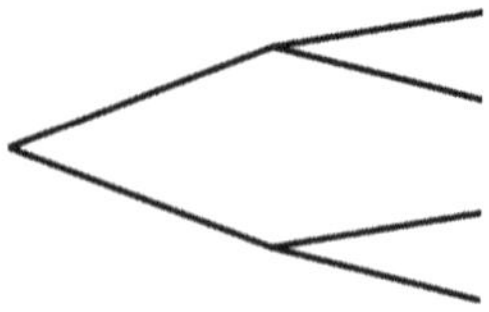

歴史の時間

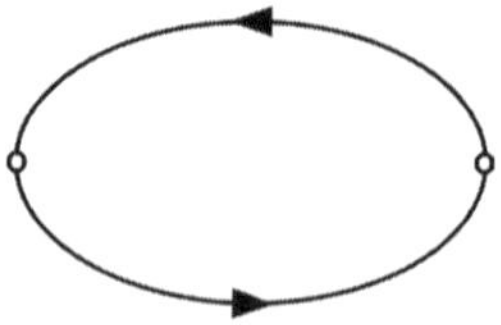

投企の時間

まなカタストロフの時代」におけるより合理的な思想を提示しようとするその眼目があるとすら言えるだろう。

さて、こうした目的のために、デュピュイが多くの著作の結論的な部分で繰り返し提示しているのが、「歴史の時間」と「投企の時間」という二つの時間のモデルである。

「歴史の時間」のほうは、通常われわれが有している時間イメージに相応しているとされる。ここでは、「未来」は多数の可能性として目の前に広がっている。目の前にいくつもある選択肢のうち、あれやこれを選択することで、未来においてある事象が起こったり起こらなかったりすると考えられている。このモデルにおいて、枝が分岐しているように見えるのは、「あのときこうしておけば、こうなっていたのに」という事態を指す。英語や仏語における「条件法」の時制がそれだ。カタストロフの問題に関連して言えば、次のようになる。すなわち、分岐点の各々において適切な選択をすれば、「カタストロフ」を避け、「未来」をより「安全」なものにすることができる。避けられた「カタストロフ」のほうは、分岐点から「実現しなかった未来」のほうに送られることになる。リスク論的な思考は、基本的にこの時間モデルを有していると言ってよいだろう。この場合、「必然」なのは「過去」である。「過去」に生じたことをなかったことにすることはできないからだ。対して、「未来」のほうは「偶然」であり、したがってその「偶然を飼いならそう」と、さまざまな手管が用いられるわけだ。

これに対し、投企の時間のほうは、出発点は「過去」ではなく「未来」のほうにある。一度未来に身を置き、そこから「未来にとっての過去」（英語で言えば未来完了）にさかのぼり、反転して再び未来へと向きを変えるということだ。これはあまり馴染みのある発想ではないように見えるが、とはいえ日常生活においても時おり見かけないことはない。たとえば、「なりたい自分になる」といった自己啓発的なイメージがそれだ。数年後の「未来」に自分が「こうでありたい」というイメージを投影（これは「投企」と同様の語projetだ）し、そのためには、その「未来」の時点に先立つ時点において（「未来にとっての過去」において）、あれこれの選択を自由に行なうということである。この場合、「歴史の時間」とは逆に、「必然」（ないし「運命」）は「未来」に、「偶然」（ないし「自由」）は「過去」（少なくとも「未来にとっての過去」）に置かれることになる。

デュピュイは、以上のような二つの時間モデルを提示しているが、そのうち「カタストロフ」を考えるには「投企の時間」がふさわしいと言っているように見える。しかし、そこにはどうしても納得しがたいものが残ってしまう。とりわけ厄介なのは、デュピュイにおいてはこの「投企の時間」のモデルが、「実現してほしいもの」についてではなく、避けるべきカタストロフについて用いられているという点である。この点こそ、読者をもっとも悩ませるはずのものだ。なるほど、「投企の時間」というのは、「歴史の時間」とちがって直線的ではなくループ的だ。最悪な事態を想定し、そこから回顧的に「前未来」に戻り、その時点からさらに最悪な事態が起こらないようにするというわけだ。しかし、一方でそうした「未来」、つまり「破局」の意味での「カタストロフ」が必然であると言いつつ、他方でそれを避けるために「過去」にいくらかの「自由」の余地が残されるというのはどういうことなのか。「投企の時間」では最悪な事態を想定かつ固定し、それを避けるために「未来にとっての過去」の時点でなんらかの備えをするということになるが、そうすると「投企の時間」によるカタストロフ論は、結局のところリスク論や予防原則と同じような構造を有しているのではないか。もしそうだとすると、それははたして「未来」を「必然」だとする「運命論」だと言えるのか。

　こうした逆説は、デュピュイがハンス・ヨナスに従って強調する「不幸の予言」というモデルにも現れている。「予言があたらないように予言をする」というこの「不幸の予言」が逆説的なのは、「最悪な事態が必ず起こる」ということをその主張内容としつつ、「最悪な事態は起こらない」という帰結をもたらすためにその主張自体を行なっているからだ。同じことは、身近な例をとるならば「来週の選挙では低投票率が予測される」という予測記事についても言えるだろう。客観的な予測を装っていても、そのように「予言」することは、その主張内容とは裏腹に、「低投票率」を避けるために読者に投票行為を呼びかけるという効果を有しているかもしれないからだ。ここにはある種の「システム論」的構造を見ることができるかもしれない。次章の中村論文に詳しいように、設定された目標（アトラクター）をめざす内的な運動自体が、その目標を修正し、延期させることができるからだ。さらに、デュピュイがギュンター・アンダースから引き出したノアの逸話もまた、同じような逆説を明らかにしてくれるように見える。アンダースは旧約聖書のノアの箱船の物語から次の寓話を考案していた。それによれば、大洪水というアポカリプスから隣人たちを救うため、アポカリプスに先立って、箱船製作を彼らに呼びかけたがまったく相手にしてもらえなかったノアは、彼らに対し灰をかぶった姿で現れ、アポカリプスの「後」から来て予言しているのだということを告げ知らせようとしたのであった。[*9]デュピュイが自らの「賢明なカタストロフ論」の「格律」とする次のような文句にも、同じ逆説が見られるだろう。「一つの事故を除いて、科学的未来学によって、そして人類の終末を想像することによって、嫌悪の念を催させるには十分カタストロフ論的で、その実現を妨げる行動を指導させるには十分信頼できる未来のイメージを得ること」(『ありえないことが現実になるとき』213-214／一九六)。

以上のようだとすると、なるほど「カタストロフ」を避けるための行動を惹起するという点で、「投企の時間」および「不幸の予言」に訴えかけるというのは意義があるのかもしれない。避けるべき「不幸」を「予言」しておいて、それに先立つ時点において、当の「不幸」をあらかじめ妨げるような実践を促すことができるからだ。しかし、この次元にとどまるならば、先に挙げた問いへの返答は得られないのではないだろうか。「賢明なカタストロフ論」は、そのような実践的目的のために、これまであれほど「合理的」に理論構築をしていった成果――リスク論的な考え方の乗り越え、運命論的解釈の受け入れ

――を犠牲にするというのか。「破局」を避け、予防するための措置という点では、根本的には、これまでの「リスク論」や「予防原則」の原理それ自体からさほど隔たってはいないのではないか。

「投企の時間」こそがデュピュイのいう「カタストロフの時間性」を示すモデルであると考えると、このような袋小路に突き当たりかねないように思われる。しかしながら、彼の「さまざまなカタストロフの時代」にふさわしい、「時間や行動に関する新たな関係」の思想は「投企の時間」とは別のところにあると思われる。すなわち、「投企の時間」モデルは、確かにデュピュイのカタストロフ論の要の一つをなすとはいえ、彼が最終的に提示しようとしている「カタストロフ的時間」を十全に示すものではないということだ。実のところ、「投企の時間」はそもそも「カタストロフの時間性」を説明するために考案されたものではないのだ。

そのことはデュピュイ自身のテキストが明らかにしてくれる。「投企の時間」および「歴史の時間」の二つのモデルがまとまって提示されているのは、一九九一年の「投企の

＊9　ギュンター・アンデルス『橋の上の男』朝日新聞社、一九六〇年、二五一‐二五七頁および『ツナミの小形而上学』四‐五頁を参照。

時間と歴史の時間」と題された論文である。[*10] そこでは、「投企の時間」は合理的意思決定論の文脈で提示されているのだ。「歴史の時間」が通常の経済学者らの想定する時間イメージであるのに対し、「投企の時間」のほうは、ある種の合理的意思決定に見られるような、望ましい帰結から現在の行為へと遡及するような時間性であるとされている。こうした遡及的ないし「可逆的」時間性は、なかでもニューカムのパラドクスに応答するものとして考察されている。ニューカムのパラドクスについての詳細は、日本語で読めるものとしては『経済の未来』の補遺「時間、パラドクス」をご覧いただきたい。そこには一九九一年の論文と同種の議論が提示されてもいるため「投企の時間」の本質的な理解のためには大いに参考になるだろう。その要点は「投企の時間」というのはあくまで「決定論」と「自由意志論」とを両立させうる時間モデルとして提起されているということだ。つまり、「未来」が決定論に従い「固定」されているときに、それでもやはりわれわれの「自由意志」が論理的に矛盾することなく可能であることを示すものとして構想されているということである。

したがって、「投企の時間」は、必然的な「未来」を前にしていくらかの「自由」の余地を残そうとするデュピュイの運命論の乗り越えにとって、重要な理論的土台の一つであることは確かなのだが、この未来はそもそもは「避けるべきもの」として考えられていたわけではないのだ。とすると、「カタストロフの時間性」それ自体の説明については、「投企の時間」ではなく別の仕方で考えるほかないだろう。避けるべき「未来」が「必然」であるのに対し、その手前にいくばくかの「偶然」ないし「自由」があるという奇妙な事態はどのように考えたらよいだろうか。

必然と偶然が混じりあう場所――「賢明なカタストロフ論」の「実践的」な射程

デュピュイによると、「未来」の必然性というのは、まさしくカタストロフが必ず生じることを現実的だとみなすということである。言い換えれば、自然法則のごとくに必然的だとみなすことである。「歴史の時間」の反実仮想的なモデルに従うと、「もし〜していたら、未来は〜であろう」（「もし、あれこれの対策を打っておけば、未来において破局は回避されるだろう」）という場合では、未来において想定されたカタストロフが構造的に必然的なものとしては考えられることはない。それは、実のところ、必ず起こるはずのもの

＊10　Jean-Pierre Dupuy, "Temps du projet et temps de l'histoire", in *Les figures de l'irréversibilité en économie*, Paris, Éditions de l'EHESS, 1991.

としてではなく、起こらないほうがよいものと考えられている。ここでは、必ず起こることという必然性は認められず、せいぜい起こるかもしれないという蓋然性が問題となるにすぎない。さらにこの起こるかもしれないものが、起こらないほうがよいもの、起こるはずのないものへと転換されるのだ。デュピュイによれば、この想定には、結局のところ、あくまで起こらなかったらよいという希望があるにすぎない。しかし「この希望こそが、いまここでの義務からわれわれの気を逸らす」[*11]わけだ。これに対し、「未来」の「現実性」を真剣に捉えるというのは、カタストロフが起こらないようにするということではなく、カタストロフは必ず起こることを認めること、もう少し正確に言えば、（現在これをしたら）カタストロフは必ず起こると認めることだ。起こらないために予防をするということと、これをしたら必ず起こると認めること——この二つにはそれほどちがいはないように見えるかもしれない。しかし、このちがいこそデュピュイにとって決定的なものである。ここにこそ、「未来を予見することは、当然のことながら、運命論に屈することではない」（『ありえないことが現実になるとき』175／一六一）とも語る「賢明なカタストロフ論」の「実践的」な射程があるのだ。それを見るためにも、今度は「偶然」について見ていこう。

「偶然」についても、デュピュイは独創的な見解を示している。この場合の「偶然」とは「アクシデント」である。ヨーロッパ語はこの点できわめて興味深いのだが、「アクシデント」というのは「偶然」であると同時に「事故」をも指している。すなわち偶発的な事故のことであるが、この二義性にデュピュイは注目するのである。

> アポカリプスの運命を早めるためには偶発的な事故（accident）がなければならないが、運命とは異なり、偶発的な事故は起こらないこともありうる（『聖なるものの刻印』249／二九六）。

「アポカリプス」が必然的な運命だと想定されるのに対し、偶発的な事故などはまさしく偶然なのだし、「破局」をもたらすほどの威力もないのだから、それが「起こらないこともありうる」というのはあまりに当然ではないか。こう訝しむ向きもあろう。けれども重要なのは、「必然的」な事態が生じるには「偶発的な事故」＝「偶然」（アクシデント）が

＊11　Jean-Pierre Dupuy, "On peut ruser avec le destin catastrophique", in *Critique*, no. 783-784, 2012, p. 730.

なければならないということの論理の内実である。ここにこそ、「アポカリプスを必然的であると同時に蓋然的ではない出来事としてとらえる」(『聖なるものの刻印』251／二九八)というデュピュイの「カタストロフ論」を理解する鍵がある。

必ず起こる、必然的というのは、これまで見てきたように、決定論的な法則に従うようにしてそれが起こりうるということだ。逆に言うと、それが起こらないという「可能性」はないということだ。対して、蓋然的というのは、可能性はあっても蓋然性が低いということだ。「可能性」と「蓋然性」の区別は、ここの議論にとって決定的である。よく可能性が「高い」とか「低い」とかという表現が用いられるが、それは厳密には誤った用い方である。「蓋然性」は「確率」と同じ語 probabilité の訳語であるが、百分率で表すことができ「高い」とか「低い」と言いうるものである。これに対し、「可能性」は「ある」か「ない」か、一かゼロである。たとえば筆者が二〇年後にムクドリになる「可能性」は「ない」だろうが、どこかの国の国籍を取得しその大統領になる「可能性」はけっしてゼロではない。もちろん、そんなことはほとんどありえないだろう。「蓋然性」がきわめて低いからだ。しかし、私がムクドリになれないことと大統領になれないことの論理的な差異はけっして無視してはならない。そもそもありえないことと、ほとんどありえない

（ありそうにない）こととは原理的には別のことである。「可能性」があるものは、どんなに「蓋然性」を低くしていっても、けっしてその「可能性」をゼロにすることはできないからだ。

　こうした区別こそ、リスク論的な「希望」に対して、デュピュイが「運命論的」解釈をあえて擁護するゆえんである。「アポカリプス」はわれわれの運命に刻まれており、それが起こらないことの可能性はない、すなわち蓋然性がゼロになることはない。せいぜいなしうることは、必然性を認めつつ、その蓋然性をゼロにきわめて近くすることくらいだろう。そしてこの蓋然性を左右するものこそが「アクシデント」だというのである。それが起きてしまえば必然的な「アポカリプス」の到来を可能にしてしまうような偶然的な事故である。「アポカリプス」は起こらないことはありえないが、しかしこの「アクシデント」のほうは起こらないこともありうる。だからこの「アクシデント」のほうを起こらないようにする＝蓋然性を下げる、というのだ。

　このことは、煎じ詰めれば、「アクシデント」（「事故」の意味での「カタストロフ」）を防止することこそが、「アポカリプス」（「破局」の意味での「カタストロフ」）を防止する——あるいは少なくとも延期する——、ということである。だが、だとすれば、結局それは「カタストロフ」の意味を甚大なものと些細なものに分け、前者は不可避だけれど後者は防止しうるというただそれだけのことなのか。小さな事故にもそれが起こらないように細心の注意を払おうという誘いなのか。いや、しかし「カタストロフ」という事象がたんにそうした量的区別に基づくものではないことはすでに見た。問題になっているのは規模（量）の大小ではなく、むしろ「必然」と「偶然」とがそもそもどうしようもなく絡み合っているという事態をどう理解するかである。このことを理解するためにも、この絡み合いについてのデュピュイの発想が、言語に無理強いした言葉遊びに基づいているのではなく、あくまで合理的な認識に基づいていることを指摘しておく必要があるだろう。

われわれの突沸を避けるには

二〇〇七年に行なわれたデュピュイ自身を主題としたシンポジウムで、デュピュイ本人が行なった講演は、「台風の目から内発的固定点へ」と題されている。その冒頭でデュピュイが挙げている例は沸騰という物理現象についての基本的な議論である。とはいえこの一例は、「必然」と「偶然」とをめぐる彼の「カタストロフ論」にとっても無関係ではないばかりか、本質的な理解をもたらしてくれるものと言えるだろう。

海面と同じ高さのところでは、大気圧下では、水は一〇〇度で沸騰する。それは自然法則だ。鍋で水を沸騰させるという実験を何度でも繰り返すこともできるが、つねに水は一〇〇度で沸騰する。モンブランの山頂では、気圧が低いので、水が沸騰するのはわずかに低い温度においてだ。とはいえ、この場合も沸騰する温度と気圧との関係自体は自然法則に従っている。

しかし沸騰とは何だろうか。それは物理学者が相転移と呼ぶものだ。つまり、そこで物質は状態を突然変える、この場合では液体から気体へと移行することになる。この根本的な非連続性――これを数学者は「カタストロフ」と言う――が起こる場合、液体中の不純物と容器（鍋）が接するところで気泡が形成され、当初は物質の揺動にすぎなかったものが、表面に上昇し、含んでいた蒸気が外気と混じりあう。しかし、不純物がまったくない場合――これはけっして起こることのない理想的なケースだが――何が起こるだろうか。蒸発のプロセスがどの点ではじまるかは「知りようもなく」、沸騰は起こることはないであろう。つまり、われわれが自然法則と呼んでいるこの種の運命に物理システムが従うのは、――なんという逆説であろう！――運命とは逆のものに思われるもの、つまりアクシデント、不純物、不完全なものによる媒介を経るのだ。システムの「完全な」状態は、不完全さがゼロになるような不完全状態の極限ではないということだ。*12

ここで水は気圧に合わせ一定の温度で沸騰するというのが「必然」性である。そのような未来は「固定」されている。このまま温度上昇を続けていけば、「因果的に」「必ず」沸騰する。けれども、沸騰という物理現象が、自然法則に従って完全に生じるという「必然」──ないし「運命」──は、まったく不純物を含まない「理想的」な状態ではけっして起こることがない。「必然」は「偶然」なしには生じえない。「運命」の「成就」は、液体に含まれる本来は不要なはずの不純物──「アクシデント」──を必要とするというのだ。実際、物理現象としても、不純物がなければ沸騰のきっかけがそもそもないために、一〇〇度を超えたとしても沸騰することがない過加熱と呼ばれる状態が続くことが知られている。その状態で不純物を入れた場合、「突沸」という「カタストロフ」（突発的な相転移）が起こるのである。ここにこそ、「カタストロフ」を「偶然と運命とが混じり合う」場所（『聖なるものの刻印』251／二九八）だとするデュピュイの考えの格好の例証が見出される。「必然」的な「運命」は、「偶然《アクシデント》」がなければ起こることはなく、とはいえそうした「偶然」が起こってしまえば、不可逆的な転換が生じてしまうのだ。

だとすると、「賢明なカタストロフ論」からなにがしかの実践的な意義を引き出すことができるとすれば、それはきわめて凡庸なものにならざるをえない。すなわち「事故《アクシデント》」を防ぐということだ。「必然」的な「運命」のほうは防ぎようがない。温度の上昇を続けていった場合、水が沸騰するというのは必然であり宿命だからだ。もしわれわれが——しかもわれわれ自身が作り上げてきたもののために——温度の上昇を食い止めるだけの力をもはや有していないのであれば、なしうることは、そうした相転移の前と後でコストとベネフィットを比べたり、いわんや沸騰した後にもそうした状況に適応しうるレジリエントな体制を生み出すことではなく、不純物を混ぜてしまうという「アクシデント」を防ぐことだけだというのが「賢明なカタストロフ論」の提示しうるせいぜいの指針であろう（たとえば「沸騰石」を入れておくことで「突沸」を防ぐように、逆にしかるべく不純物を混ぜ入れるということも十分考えられるだろう）。

＊12　Jean-Pierre Dupuy, "De l'oeil du cyclone au point fixe endogène", in *Dans l'oeil du cyclone. Colloque de Cerisy*, Paris, Carnets Nord, 2008.

けれども、それだけのことがデュピュイの議論の最終的な帰結なのかというと、そうではないように思われる。というのも、もうすこし想像力を働かせてみるならば、本当の矛盾は以下の点にあることがわかるからだ。われわれが「アクシデント」を防ぐことに「完全」に成功するならば、もちろん「必然」的な「運命」である「アポカリプス」が起こることは回避されうるだろう。しかし、その場合、われわれ忘れっぽい人間は、「アクシデント」が「アクシデント」であったこと、つまり、それが「必然」的な「運命」を告げ知らせる兆候（marque）であったと同時に、その「運命」を封印する印（marque）であったことを忘れてしまうのではないか。秘密のものとして隠しておくためには、少なくとも秘密なものがそこにあるということを告げ知らせてくれるものが必要である。とりわけその秘密のものが危険なものである場合には、そこに立ち入ることを思いとどまらせることを知らせてくれるものがなんとしても必要である。「秘密」が「秘密」であるためには、「秘密」を示すものは知られていなければならないということである。[*13] 言い換えれば、「アポカリプス」自体は秘密のままにとどめておく（つまり、延期させる）必要があるが、「アクシデント」が「アポカリプス」を指示していたことだけは公然たるものにしなければばならないのだ（見てとれるように、そこにあるのは「聖なるもの」と「タブー」の関係に似たものである）。

先に引いたデュピュイの格律の真の意義もこの点から理解されるべきだろう。デュピュイはこう述べていたのだった。「一つの事故（accident）を除いて、科学的未来学によって、そして人類の終末を想像することによって、嫌悪の念を催させるには十分カタストロフ論的で、その実現を妨げる行動を指導させるには十分信頼できる未来のイメージを得ること」。カタストロフを防ぐためには、「一つのアクシデント」は防止すべきものから除外しておく必要がある。つまり、「一つのアクシデント」はきわめて高い蓋然性を示し続けている必要があるということだ。なるほど、カタストロフ理論が述べていたような質的な相転移やベルクソンの時間論から導き出される「カタストロフの時間性」——さらにはアンダースのノアの寓話——に基づくと、「カタストロフの後」のイメージを遡及的に「現

＊13　たとえば映画『百万年後の安全』はこのことの具体的なイメージを喚起してくれる。また、理論的にはジャック・デリダの秘密をめぐる議論が強調しているのはまさしくこの矛盾である。デュピュイは「必然」には「偶然」が必要だという論理が、デリダの言う「代補」と同様のものであることを意識している。

在」に投影することは、心理的には確かに有益であろう。しかし同時に、せめて忘れてはならないのは、ギュンター・アンダースが「アポカリプス不感症」という文句でもってくりかえし述べていたように、そうした警告にわれわれはすぐに麻痺させられるということだ。近年のハリウッド映画を待つまでもなく「人類の終末」の光景はときには快楽すらもたらすものなのだろう。その意味では、「一つの事故《アクシデント》を除いて」というのは「実践的」な格律としてはどうしても外せないものである。[14]「一つの事故」というのは、あたかも「沸騰石」がそうであるように、「突沸」を抑えると同時に「突沸」の可能性をたえず告げ知らせてくれる徴だからである。

とすると、さまざまな理路を経めぐりながらデュピュイが提示する「賢明なカタストロフ論」というのは、洗練された哲学理論であるというよりは、以上のように、「後」からしか分からないことの「徴」を「今」読み解き、それがほかならぬ「未来」の——しかも避けがたいができるものなら避けてしまいたい未来の——「痕跡」であることを告げ知らせようとする狂気じみた作業であると言えるかもしれない。つまり、なんらかの解決策を提示するよりは、「アクシデント」、つまり「アポカリプス」を告げ知らせると同時にそれを封印する徴＝印（marque）が何であるかを、全力でもって描き出そうとする試みである。思い起こせば、キリスト教にとっては「アポカリプス」の後に「神の国」がやって来るはずであり、「その徴は、太陽に、月に、星にあるだろう」（『ルカによる福音書』二章二五節）、つまりいたるところにあるだろうとされていた。だからこそ予言もまた可能とさ

＊14 この点から、先の「投企の時間」に戻ってモデル化すると次のようになる。「アクシデント」が入り込む場所は、「未来」を出発し「過去」に遡及したループが「過去」を経由してそもそもの出発点であった「未来」（すなわち予言された「アポカリプス」）に回帰するその直前の地点である。この場所で「アクシデント」を回避することに成功した場合、円環が閉じられることはないが、「アポカリプス」のほうは変わらず「運命」として残り続けるため、ループの曲線はあたかももともとのループの軌道の内側に逸れるかのようにもう一度回転を始めることになる。この運動は、円環が閉じられないかぎり継続することになる。そうするとデュピュイの言う「カタストロフの時間性」にふさわしいのは、一個の円環からなる「投企の時間」ではなく、反時計回りに渦を巻いてゆく「台風の目」のようなイメージであろう。先に沸騰の例を引いた講演「台風の目から内発的固定点へ」が「台風の目」と呼んでいるのはまさしくそれである。もう一つそれを例示するイメージがあるとすれば、『聖なるものの刻印』最終章がヒッチコックの『めまい』から援用している、まさしく渦巻き型に旋回してゆく「めまい」の螺旋である。そこでデュピュイが強調しているように、映画『めまい』では、あるはずのないネックレスがたまたまそこにあったというアクシデントゆえに、運命の成就が妨げられ、奈落の螺旋に落ちてゆくのであった。

れていたのだった。もはや「アポカリプス」の後にやってくるはずの「神の国」が消失した「脱聖化」の時代にあっては「神の国」への期待はもはやかつてのようには機能しないのだろうが、しかしこの「予言」に関しては、とあるキリスト教の哲学者がこう述べていたことは今もって重要である。「しかし、この徴がどのようなものかを知るのは難しい」。考えてみると「徴」が「太陽」にも、「月」にも、「星」にも、つまり「いたるところに」あるのならば、それが「どこ」にあるかを言いあてるというのはきわめて困難な作業になるだろう。その意味で、デュピュイが、「カタストロフ論」と並行して、イリッチに倣い産業社会についての分析を継続し、ナノ・テクノロジーをはじめとした先端科学技術の倫理学的問題についての議論に継続的に介入し、核抑止の政治学の論理を描きだし、アダム・スミスからハイエクとロールズを経て現代の「経済主義」を統べる思考法を浮き彫りにしてゆくのは、まさしくこの「徴」がどこにあるのかを指さすためではないだろうか。ジャン゠ピエール・デュピュイは、「運命」を遅らせるために、「運命」をあえて言い立てつつも、とはいえ「運命論」には陥らずに、こうした徴を読み解く精度を高めようと試みているのだと言えるだろう。

二　デュピュイの科学哲学と破局論
――システム論から出発して

中村大介

こうして、皇帝は、きらびやかな天蓋の下を、行列を従えて、お歩きになりました。往来の人も、窓にいる人たちも、みな口をそろえて言いました。「これは、これは！皇帝のこんどのお召し物は、なんて珍しいのでしょう！［…］」「だけど、なんにも着てやしないじゃないの！」と、その時、一人の小さな子供が言いました。

――アンデルセン「皇帝の新しい着物」*1

序論

ジャン＝ピエール・デュピュイは、一九七六年一月、イヴァン・イリッチによって招かれた朝食会で突然訪れた洞察を、次のように述懐している。

さて、クエルナバカのこの朝、突然私は理解した。イリッチとフォン・フェルスターを分かつ巨大な距離、現代人の条件を記述するために聖なるものに助けを求めることと、メカニズムに助けを求めることとのこの距離が、まさしくジラールによって埋められている、ということをである。まさしく、というのは、ジラールが、聖なるものとはメカニズムであるということを証明しているからである（『秩序と無秩序』15-16／六）。

現代の産業社会を批判する文明批評家イリッチと、自己組織化を含むシステム論の立役者の一人ハインツ・フォン・フェルスター。両者を人類学者ルネ・ジラールの思想でつなぐという驚くべきアイディアは、デュピュイの思想人生を決定づけたといってよい。実際、二一世紀に入って展開される破局論においても、このイリッチ、フォン・フェルスター、ジラールという〈三つ組み〉は彼の思想の深部を規定しているように思えるからである。

一部では周知のことだが、デュピュイはフランスにおける認知科学研究の中心の一つ、CREAの創設に関わり、[*2] また、フォン・フェルスターが予想した命題の証明に貢献したことから分かる通り、[*3] 一方で科学者としての顔をもつ。しかし他方で、彼の破局論が科学

＊1　大畑末吉訳。本稿のエピグラフに「裸の王様」として知られるこの名作を掲げることを思いつかせてくれた、渡名喜庸哲氏に感謝する。

＊2　CREAとは、« Centre de recherche en épistémologie appliquée de l'Ecole polytechnique ［理工科学校・応用認識論研究センター］» の略。デュピュイには認知科学の歴史を批判的に検討した以下の本もある。Jean-Pierre Dupuy, *On the Origins of Cognitive Science. The Mechanization of the Mind*, translated by M. B. DeBevoise, Cambridge, MIT Press, 2009.

＊3　フォン・フェルスターの予想とは、「システムの諸要素が自明に（決定論的な仕方で）結びつけばつくほど、それらの要素がシステムに対してもつことになる影響は小さくなる」というものである。グループの成員同士の結びつきが強いほど、個々の成員はグループ全体への影響をもつように思えるため、これは見かけ上逆説的な主張である。この予想を、デュピュイはアンリ・アトランらと共に、確率オートマトンのモデル上で証明を与えた。Cf. Moshe Koppel, Henri Atlan & Jean-Pierre Dupuy, « Von-Foerster's Conjecture - Trivial Machines and Alienation in Systems », *International Journal of General Systems*, 1987, Vol. 13, p. 257-264.

思想とどのような関係にあるのかは、一見したところ不分明である。本稿は、デュピュイの破局論が、実のところ彼の科学哲学、特にシステム論を一つの背景として成立していることを示し、あわせて、破局論の新たな相貌を、先の〈三つ組み〉から浮かび上がらせることを目標とする。議論は以下のように進む。まず、「ジラール的世界の論理は自己組織化の論理の一部である」（『秩序と無秩序』182–183／一九〇）とまで述べていた七〇年代のデュピュイの自己組織化に関する議論から出発し（第一節）、次に、自己組織化の着想、とりわけてその時間論が破局論にも継承されていることを示す（第二節）。そして最後に、この観点が与えてくれる破局論の展望を、ジラール、イリッチの議論を踏まえて与える（第三節）。

一　デュピュイとシステム論

システム論に関するデュピュイの考察に入る前に、そもそもシステム論とは何か、ということを確認しておこう。*4 システム論の出発点は、生命は物質的要素の複合体であるが、にもかかわらずその複合体には物理的・化学的現象に還元不可能な現象が生じる、という生命の「有機構成」についての考えにある。この考えによれば、生命の有機構成は、細胞、組織、器官、個体といった階層ごとに区分されて考察されねばならない。後に、こうした多階層性は社会のオーダーに至るまで拡大されるが、ともかく、一八世紀末に起源をもつこうした着想から、まず「動的平衡系」と今日呼ばれるシステム論の見解が登場した。それは、有機構成の層を、入力と主力の流れの中で持続的に揺らぎを解消しながら自己を維持するシステムとみなし、その自己維持の機構を考える理論である。一例として「細胞」を挙げれば、細胞にはさまざまな物質の出入りがあるが（たとえば内分泌）、それでも細胞は細胞として維持されたままであり、その自己維持のあり方が考察対象になるのである。そして、こうした動的平衡系の考えを継承して、ではそもそも有機構成はどのように形成されたのか、を考えるのが「自己組織化」と呼ばれるシステム論に他ならない。この理論は二〇世紀半ば以降、フォン・フェルスター、アンリ・アトラン、エリッヒ・ヤンツ、イリヤ・プリゴジンらによって練り上げられていった。

デュピュイとの関連でもっとも重要なシステム論が、この自己組織化である。そこで、

＊4　本段落の記述は特に、河本英夫『オートポイエーシス――第三世代システム』青土社、一九九五年に拠った。

その基本的な考え方を、デュピュイ自身の議論と彼の言及するテクストを参照しつつ、やや立ち入って説明することにする。軸となる概念は「ノイズからの複雑性」である。まず、デュピュイもよく引く、「ポリアの壺」と呼ばれる次の数学の問題を見てみよう。

1　壺の中に白いボールと黒いボールが一つずつ入っている。
2　無作為に一つ取り出し壺に戻すが、その際、取り出したボールの色と同じ色のボールも一つ加える。
3　2の操作を繰り返すとき、壺の中の黒いボールの比率はどう変化していくか。

三人がこの実験をおこなった結果、以下の結果が得られた。最初の人のケースでは、黒いボールが前半多めに出て、試行を繰り返すとその比率は六五・三％に収束していった。次の人のケースでは、黒が前半さらに多めに出て、九〇％弱に収束していった。しかし最後の人のケースでは、逆に白のボールが前半多めに出て、四〇％弱に収束していった。[*5]
このように、最初の試行はまったくのランダムであり、以下、一つ一つの試行にも偶然——ノイズないし出来事——が働くが、にもかかわらず秩序が生成されるのである。

この問題から分かる重要なポイントは二つある。第一に、結果は経路に依存して収束する。すなわち、一回一回の試行はノイズを含むが、その積み重ねが秩序を産み出すのであり、これが「創発」と呼ばれる。第二に、しかし「創発」であることが分かるのは、外からの視点においてのみである。内部からは（つまり実験をしている個々の人からすると）試行列は一つの値に向かい、それに規定されているように見える。言い換えれば、その人の立場からすると、誰がやっても結果は変わらず、自分は何も産み出していない、と考えることになる。したがって、実験のケース・バイ・ケースで収束値が異なる、ということが分かるのは、諸々のケースの水準を見通せるような、一つ上の水準から見ることによってのみであり、これは「外部観察者の重要性」を物語っている。以上のことを、デュピュイにならって図示しておこう[*6]（図1）。上部の矢印は、壺からボールを取り出しては（新たなボールを加えて）戻す試行過程――一つのダイナミクス――が、内部からはある収束値に規定されて見えることを示している。この値は、試行過程がそこに引き寄せられるという意味で「アトラクター」とも呼ばれる。対して下部の矢印は、このアト

＊5　これらの数値は、『秩序と無秩序』181／一八九の表から読み取ったもの。
＊6　上下の矢印を反対にした図が、『経済の未来』102／一〇五にある。

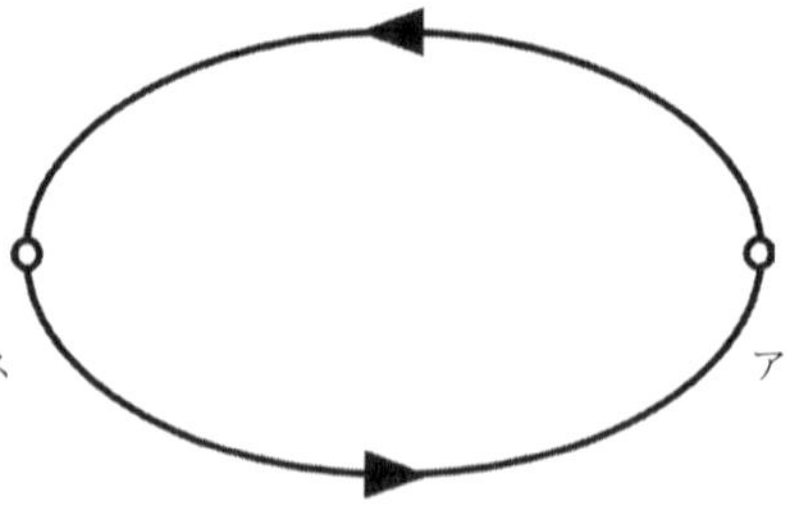

図1　ノイズからの複雑性

ダイナミクスはアトラクターに規定されるが、このアトラクターはダイナミクスによって産み出される。

ラクターが、実のところダイナミクスから創発して産み出されるものであることを示している。以下、この図と同じ形をしたループは、本稿で繰り返し現れることになる。

偶然性やノイズから秩序が創発する例はなにも数学に限られず、物理的な現象にも当てはまる。フォン・フェルスターの磁石の例を見てみよう。まず、小さな立方体の各面に薄い磁石を貼り付けるのだが、その際、ある頂点に集まる三つの面と、その対角線上にある頂点に集まる三つの面とが、それぞれ反対の極性をもつようにする。その後、その立方体を多数まとめて箱の中に入れて箱を何回か揺さぶる。すると、箱の中の立方体は無秩序な堆積ではなく、磁石が張り付いて、図2のような秩序だった構造を示すのである。[*7] ここでも、偶然的な出来事とでも言うべき一回ごとの揺さぶる行為が、特定の秩序を産み出すことになる（なお、こうした秩序がアトランらによって「複雑性」と呼ばれるのは、試行を繰り返すことで「不足する情報量の増大[*8]」が起こるからである）。ポリアの壺や磁石の例から分かる通り、ノイズを介してあるプロセスが（観察者に対して）一つの複雑な秩序をもったものとして生成していくこと、これがシステムの形成過程を問

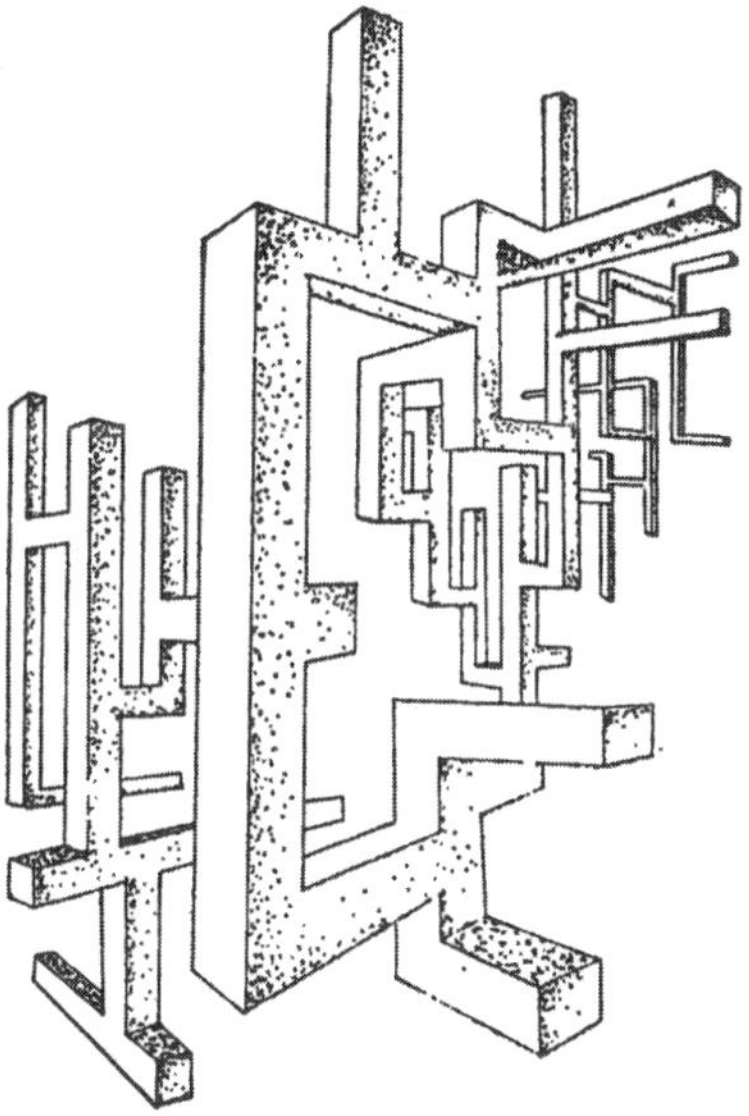

図2　フォン・フェルスターの磁石

Henri Atlan, *Entre le cristal et la fumée. Essai sur l'organisation du vivant*, Paris, Seuil, 1979, p. 84 より転載

う「自己組織化」の基本的な視座となる。

しかし勿論、「ノイズからの複雑性」によって説明される自己組織化の典型例は、数学でも物理でもなく、生命である。自己組織化に関する議論を多く含む著作『秩序と無秩序』（一九八二）において、デュピュイがしばしば参照するアトランの著作『結晶と煙のあいだ』（一九七九）を見ておこう。ここで読まれる観察者の議論は、次節において重要となる。

> ［…］観察者の位置を導入することは、単なる推論の論理的な一段階なのではない。システムの外にいる観察者とは、実のところ、階層化されたシステムにおいて、この観察者を構成する要素システムに対して上位の（包括的な）組織化の水準なのである。それは細胞に対する器官、器官に対する有機体などである。ノイズがシステム内の経路に積極的な効果をある条件下でもちうるのは、この観察者に対してなのである。*9

そして、ここに見られるような生物の自己組織化の議論において、デュピュイがとりわけ重要と考えているのは、そこに特殊な時間性が見られる、という点である。この時間性を、彼は次のように表現している。

そこでは［アトランにおいては］自己組織化のプロセスは、自律的構造と、それにとって未知の偶発的な出来事との間の、相互作用の結果として姿を見せている［…］。自己組織化が、少なくとも局部的に時間の進行の逆転を実現するのは［未来の秩序へと歩みが引っ張られるかのようであるのは］、自己組織化がそのように新たなものへの適

＊7　Cf. Heinz von Foerster, « On Self-Organizing Systems and Their Environments » [1960] dans *Observing Systems*, California, Intersystems, 1984, p. 15-20. なお自己組織化は、フォン・フェルスターが一時期取り組んでいたテーマに過ぎず、彼の仕事の全貌を表すものではない。現在では彼はむしろ、観察されたシステムを扱う最初期のサイバネティクスの認識論的限界を指摘し、観察するシステムを扱う「セカンド・オーダー・サイバネティクス」を提唱した存在として、ネオ・サイバネティクスの始祖に位置づけられている。この点については、橋本渉「ハインツ・フォン・フェルスターの思想とその周辺——ネオ・サイバネティクスの黎明期を中心に——」『思想』二〇一〇年七月号、No. 1035、九八‐一一四頁を参照。また、フォン・フェルスターの業績を含め、サイバネティクス全体に対するデュピュイ自身の評価については以下を見よ。Dupuy, *On the Origins of Cognitive Science*, *op. cit.*, Introduction.

＊8　Henri Atlan, *Entre le cristal et la fumée. Essai sur l'organisation du vivant*, Paris, Seuil, 1979, p. 82.

＊9　*Ibid.*, p. 70.

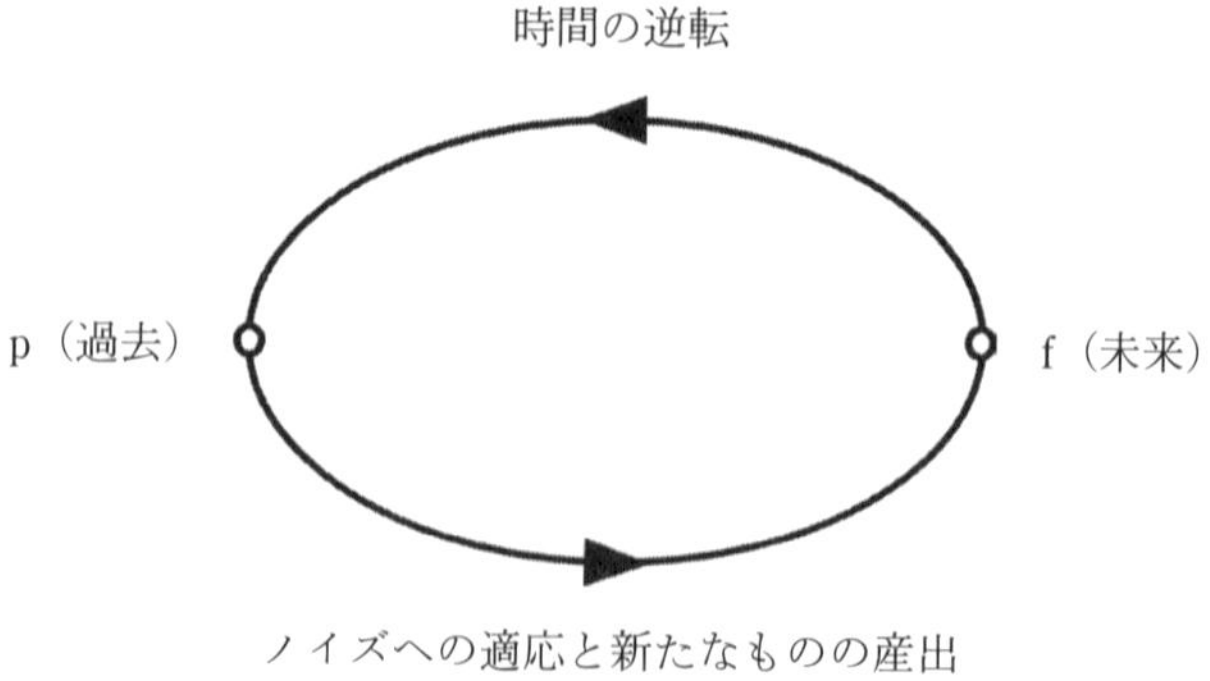

図３　自己組織化の時間性

過去pは未来fに引っ張られるが、この未来fは、過去pからのプロセスがノイズに適応することで産み出す。

応と新たなものの産出を可能にするからである［…］（『秩序と無秩序』105／一〇四）。

生命は一方で、未来に位置するある点に向けて引っ張られるようにして成長する。たとえば、卵子が受精後、種によって決まった姿に成長していくことを思い浮かべればよい。過去が未来に引っ張られているかのような、時間の逆転がここに現れるのである。しかし他方でまた、未来の姿や秩序はその同じ生命が、ノイズに適応し、新たなものを産出することによってもたらすもの以外ではない。したがってこの時間性は、先の「ノイズからの複雑性」と同型のループをなすことになる。図示しておこう（図３）。

この自己組織化における時間のループ構造は、

破局論においても重要な役割を果たすことになる。

二　破局論の時間性

デュピュイは『ありえないことが現実になるとき――賢明な破局論にむけて』（二〇〇二）以降、自身の哲学、科学、経済学、キリスト教等に関する知見を総動員して、運命論に陥ることなく破局《カタストロフ》と向き合う思想、「賢明な破局論」を展開している。[*10] 本節では同書を主に参照しつつ、破局論、特にその時間に関する議論を検討する。

破局を考えることの困難、それはまずもって、破局が起きるなどということが「信じられない」ところにある。たとえば、私たちは、近い将来巨大地震が起きることを「知って」はいても、それを「信じて」行動したりはしない。プラトン以来の古典的見解として、

＊10　本稿では、《catastrophe》の語に「大惨事」の意味や、数学のカタストロフィー理論における「カタストロフィー」のニュアンスが込められていることを承知しつつも、「終わり」をもっとも想起させる「破局」の訳語を選んでおく。このひとしなみな訳しあげは正確さを欠くものではあるが、ここでは日本語としての把握を優先させる。渡名喜論文四三頁を参照のこと。

知識を「正当化された真なる信念」とみなす立場があるが、デュピュイは、破局に関しては「知ることが信じることを含む」という含意は否定されると考える。最悪の事態が到来する、などということはそもそも信じられる類のものではないのである。

そこで、最悪の事態をつぶす、あるいは破局を先送りし、回避するためには、破局をより過激な仕方で未来に組み込んでいかねばならない。そのためにデュピュイは、異様とも受け取られかねない二つの考えを提示する（『ありえないことが現実になるとき』86／八一および164／一五〇）。その一つが、「破局が起こりうると考えることは、それが必ず起こる（＝現実化する）と考えることに等しい」という様相に関わる特殊な想定であり、もう一つが、「破局を回避するためにも、破局は回避できないものである必要がある」という、「破局論のパラドックス」とでもいうべき主張である。このようなパラドックスを組み込むことで、未来に現在と同じだけの現実性を付与しようというのだ。だが、このような特異な着想はそもそも正当化できるのだろうか。

デュピュイは著書『ありえないことが現実になるとき』の第一一節、および第一二節で、破局論に合理的な基盤を与えるための哲学的な議論を展開している。ここでは、破局論のパラドックスを正当化する第一一節の論証を見よう。その論証の中心にあるのは、彼が破局論とは独立に、いわゆる「ニューカムのパラドックス」[*11]を検討していく過程で練り上げた、〈未来は反実仮想的には独立（非依存）だが、因果的には依存する〉というテーゼである。このテーゼはデイヴィッド・ルイスの影響下で着想されたものだが、その独自性を理解するために、ひとまずより伝統的な考えを確認しておこう。私たちは通常、現在の行動は過去に対して影響を及ぼさない、と考えている。言い換えれば、今していることと違うことをしたとしても、過去は変わらないままだ、とみなしている。これは、過去を反実仮想的に現在から独立したものとみなすことに等しい。他方で私たちは、現在の行動は未来に対して影響を及ぼす、と考える。これはつまり、今していることと違うことをしたら、未来は変わるであろう、ということであり、未来は反実仮想的に現在に依存している、とみなすことである。過去は「固定」されており、未来は「開かれている」、と言えば、この見方を一番かみ砕いて表現したことになるだろう。デュピュイはこの時間性を「歴史の時間」と呼んでいる[*12]（図4）。しかし、彼がこうした伝統的な見解に抗して提案するのは、逆に、未来を固定することなのである。

＊11　〔補注1〕（一四四頁）参照。
＊12　この図は、『ありえないことが現実になるとき』184／一六九のものに拠る。

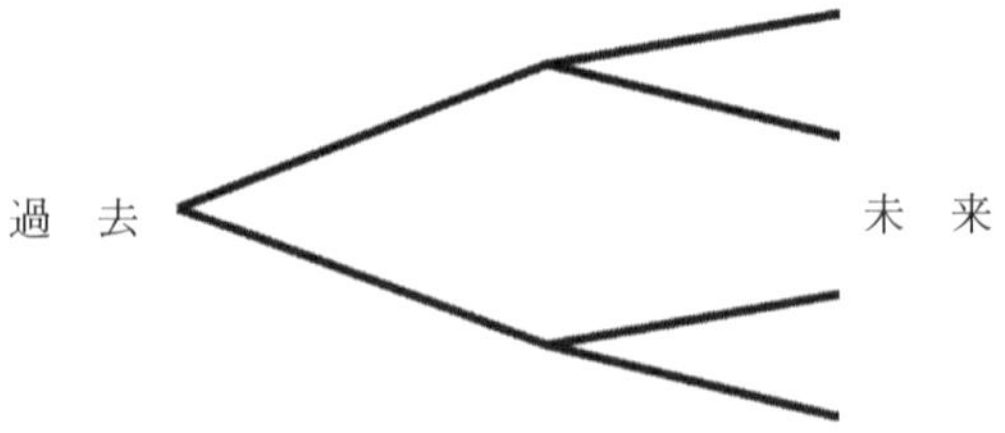

図４　歴史の時間

先のテーゼが告げることはこうである。第一に、破局は必ず起こるのであって、回避できないものである必要がある。私たちが今していることと違うことをしたとしても、未来は変わらないままだろう。言うなれば未来は運命の結果なのであって、これが「未来は反実仮想的には独立している」というテーゼの前半部分の意味である。第二に、しかし破局は回避される。未来を予測し、その予測が知られることによって、われわれが原因となって未来に働きかけることができる。これが「未来は因果的には依存している」というテーゼの後半部分の意味である。ここから、破局論のパラドックスを以下のように再定式化することができる。「破局を因果的に回避するために、破局は反実仮想的には独立し、回避できないものでなければならない」。ここにパラドックスは解消され、十全とはいえないものの、さしあたりの合理性が賢明な破局論に確保されることになる。[*13]

そして、「未来を固定する」この破局論は、「過去を固定する」歴史の時間とは異なった時間の描像を私たちにもたらす。それが「投企の時間」である。

過去ではなく未来が固定したものとみなされている場合、未来の先取りに課される制約とは、その先取りされた未来に対する反応が原因となって当の先取りに戻ってくる、ということである。〔…〕いまここで描写している時間はループ状であり、その中で未来と過去は互いに決定しあっている。／私はこの新たな時間性に対して投企の時間とい

＊13　最後の再定式化は筆者による。そこに至るまでの本段、及び前段の内容は『ありえないことが現実になるとき』181-190／一六七-一七五を参照。なお、〈未来は反実仮想的には独立だが、因果的には依存する〉というテーゼの例証を見出すのは難しいことではない。その典型例が選挙である。選挙の結果は決まっているとときにみなされるが、その当の結果は勿論、有権者一人一人の行動によって因果的に産み出されるものである。そして、「一人一人の内的視点から見ると、全体の行動は固有の力学を伴った客観的なものとして現れる」というこの特性こそ、＊2で述べたフォン・フェルスターの定理が示してくれることに他ならない。以上のことは、破局論と同定理の間の本質的な連関を示唆するものであるが、他方でH・アトランは「破局」についての考察はこの定理を逸脱するものであると指摘している。以下を参照。Henri Atlan, « Le mal et le temps » dans Jean-Pierre Dupuy, *Dans l'œil du cyclone. Colloque de Cerisy*, Paris, Carnets Nord, p. 103-132.

う名前を与えた（『ありえないことが現実になるとき』191-192／一七五‐一七六）。

このループ状の時間は、前節最後に述べた自己組織化の時間と呼応しているように思える。この点を正確に見て取るために、「投企の時間」の特徴を、先に挙げた破局論の特殊な様相――「破局の可能性を検討することがその現実化を考えることに等しい」――に関連づけてもう少し見ておこう。この想定によれば、現実化しない可能態がある、のではなく、現在と未来の現実態の内にしか可能なものはない。すなわち、破局が未来において現実化すれば、それが「起こらないこと」は絶えず不可能であったことになる。破局の起きた後から過去のある時点に遡れば、当の破局は反実仮想的な不動点を形成することになるだろう。対して、破局は、起こる前には、起こらないでいることが可能である。これは先述した通り、未来は現在に因果的に依存している、ということである。そして、この起こらないことの反実仮想的な不可能性と、起こらないことの因果的な可能性との間にある小さな隙間にこそ、私たちがなすべきことがある。[*14] それが、固定されるべき未来を探究することであり、そこにこそ、私たちの〈自由〉があるのだ、とデュピュイは考える。「自由とは、ループの不動点を、それを見つける「前」に探す者や集団の精神活動の中にのみある。このとき、未来はその活動の最中では「まだ」知られていない。［…］しかし、この「前」と「まだ」は投企の時間の外側にある」（『ありえないことが現実になるとき』194／一七八）。ここで言われている投企の時間の「外側」とはどこか。この問いに対する答えは、『経済の未来』（二〇一二）に見出される。以下の箇所は、システム論と破局論の関係を考える上で決定的である。

楽観主義者であることが客観的な理由をもてばもつほど、破局主義者たらねばならない。［…］楽観論はある水準では合理的であるが、しかし別の水準では破局論こそが合理的となるのであり、その別の水準とは、視点を、ことが起こりつつある最中にではなく、既にことが起きてしまったところに置くことで、第一の水準を超越するような水準である（『経済の未来』159-160／一六二）。

これはすなわち、未来を固定するための視点は、進行しつつある出来事の渦中（「こと

＊14　本段ここまでの内容は、『ありえないことが現実になるとき』85-87／八一 - 八二、および 164-165／一五〇 - 一五一を参照。

が起こりつつある最中」）にいる人の水準にはなく、出来事が完了し、それを見渡せるような、「第一の水準を超越するような」観察者の水準（「既にことが起きてしまったところ」）にある、ということである。まさしく、未来の不動点を定める視点は、自己組織化における外部観察者（諸々のケースを見渡す、それらケースの水準の一つ上の水準）の視点に対応するのである。このことから、破局論と自己組織化の関係を次のようにまとめることができるだろう。破局論の時間性は、自己組織化の時間性を現代社会ないし現代世界の階層で捉え直したものに他ならない。このことは、デュピュイが「投企の時間」を図式化した円環によっても見て取ることができる[*15]（図5）。過去は予測された未来に規定され、そこから意味を受け取る（上側の矢印）。しかしまた、当の未来は、その意味に反応した過去が因果的に産み出すものに他ならない（下側の矢印）。前節冒頭で、システム論の多階層性は生命を越えて社会の層にまで拡大される、と述べたが、デュピュイの破局論は、自己組織化の着想に対してこのような拡大適用をおこなった議論の一つ、とみなすことができるのである。

さて、破局的な未来はこのように固定され、必然的に起こるものとされる。しかし実はこれだけでは未来の描像として十分ではない。その不十分さを理解すべく、本節最後に、

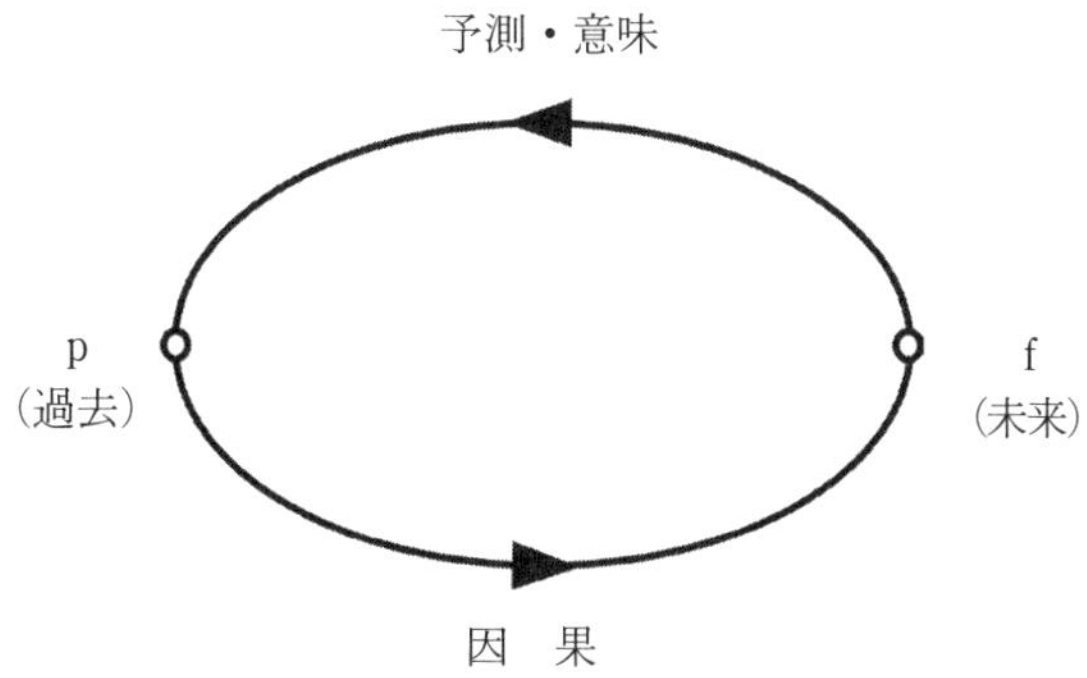

図5　投企の時間

過去pは予測された未来fから意味を受け取るが、
未来fは、それに反応した過去pが因果的に産み出す。

『ありえないことが現実になるとき』の第一二節で展開される議論を見ておこう。その議論によって、さしあたりのものに留まっていた破局論の合理性に、最終的な基礎が与えられることになる。この箇所で参照されるのは、少々意外かもしれないが、完全な核抑止の議論が含む自己矛盾の問題である。もし核抑止が完全であれば（「私は決してボタンを押さないだろう」）、脅威の現実性がなくなり、そもそも核をもつこと自体の抑止機能が消えてしまうだろう。核抑止が機能するためには、――真に恐るべきことだが――核のアポカリプスが未来に刻み込まれていなければならない。それと同様に、破局

＊15　以下の四つの図を参照した。『経済の未来』246／二五六、『ありえないことが現実になるとき』191／一七六、『チェルノブイリ』174／二〇〇、『聖なるものの刻印』275／三二七。

的な出来事を未来に固定し、そこから過去へ向けられた合図にそって当の出来事を妨げるような行動を始動させるのであれば、破局の現実性が消えることになる（「しかじかの行動を起こせば、破局は決して起きないであろう」）。しかし先に述べた通り、現実性が消えてしまっては、破局の到来を信じることなどもはやできない。[16] 未来とのループをつなぎ止めておくためには、ループに、いわば不完全さが残る必要があるのだ。そこでデュピュイは、固定点として、「ある［ゼロではない］事故を除き、その現実化を阻止する行動を起こすためには十分な信憑性があり、かつ嫌悪の念を抱かせるには十分破局論的な未来のイメージ」（『ありえないことが現実になるとき』213-214／一九六）を挙げる。傍点の付された、事故の起こる（極小の）確率がループの不完全さを担保し、最悪の事態を未来に書き込んでくれるのである。そして、破局論の最終的な合理性は、この「事故」の身分が反実仮想に関する議論を踏まえた「投企の時間」の時間性と切り離せないという点に求められる。以下簡単に検討しよう。

　事故の起きる確率をeとすると、起きない確率は1-eである。これを単なる言い換え、トートロジーに過ぎないと考えるならば、その人はいまだ「歴史の時間」の中にいることになる。なぜならば、トートロジーとみなす場合、事故の起きる確率がゼロであるならば、起きない確率は1（一〇〇パーセント）ということになり、これは、時間を分岐的に捉えていることになるからである（ある道の可能性がないならば、他の道が選び取られる）。しかしながら完全な核抑止の問題が教えてくれたのは、核の終末が訪れる確率がゼロになってしまっては、抑止がうまくいかない（抑止の成功率は一〇〇パーセントでない）、ということであった。とするならば、事故の起きる確率eと起きない確率1-eは、相互に切り離しえず、均衡したものとして、理解されねばならない。そして、この均衡を見せてくれるのは、「投企の時間」のみである。事故が起きる極小の確率があること、それによって一方で私たちは破局を見失うほど遠ざかることはない——図5における上側の矢印が示すように、未来の予測から私たちは意味を受け取ることができる。しかしまた他方で、その確率によって、破局に落ち込むほど近づきすぎることもまたない——今度は下側の矢印から理解されるように、破局的な未来を回避すべく私たちは行動することができ

＊16　グレゴリー・カフカからの議論を踏まえたデュピュイの核抑止に関する論述を、ここでは単純化して提示している。『核兵器を考える』と題された著作の刊行が予告されているが、ひとまず、『聖なるものの刻印』242-252／二八七-二九九、及び『ありえないことが現実になるとき』199-213／一八二-一九五を参照。

るのである。[17]

破局論の合理性はかくして最終的にはこの「均衡」の考えに存することになる。だが、振り返ってみれば、そもそも未来の破局は必ず起こると考えられていた筈である。とするなら、必然的でありながら、事故あるいは偶然によって生じる未来というのは、矛盾した考えではないだろうか。ところがデュピュイによれば、これこそ破局的な事象の特徴なのである。そこでは「偶然と宿命が混淆する」（『ツナミの小形而上学』20／一五）。悲劇においては、偶然的な出来事が宿命であるかのように到来するが、[18] 破局的な未来というのも、まさにそのようなものに他ならないのである。

とはいえ、このような運命と偶然・事故の混淆をどのように捉えたらよいのか、[19] という認識論的な問題はいまだ残る。この問題を考えるにあたって、事故が未来に書き込まれていることを論ずる箇所で、「破局論的な未来のイメージ」と言われていたことを想起しておこう。「イメージ」という言葉から考えて、それを見るのは、勿論、破局論における外部観察者と考えられる。では、もし自己組織化の時間性と破局論の時間性の先述した照応が正しいとして、このようなイメージを抱く、ひいては運命と偶然の混淆を見て取る観察者の視点とはどのようなものだろうか。前節におけるアトランの引用によれば、生命体においては、細胞の生成を観察する視点は一つ上のレベルである器官にあり、その器官の観察者は一つ上のレベルである有機体にあった。しかし現代社会ないし現代世界における出来事を見渡す視点とは、具体的に言って何か。

三　破局論——〈事情に疎い者〉の形而上学

この問いに対する答えは、残念ながら明示的なかたちでは提示されない。しかし、ほぼすべての破局論の著作で触れられる内容——しかも触れられこそすれ、深く論究される

---

*17 『ありえないことが現実になるとき』214／一九六を参照。最後に述べた、破局的未来から遠ざかりすぎず、またそれに近づきすぎず、という均衡の「適切な距離」については以下も参照。Jean-Pierre Dupuy, « De l'œil du cyclone au point fixe endogène » dans Dupuy, *Dans l'œil du cyclone*, *op. cit.*, p. 297-316. なお「均衡」の語はデュピュイの以下の論文から借用した。Jean-Pierre Dupuy, « Philosophical Foundations of a New Concept of Equilibrium in the Social Sciences : Projected Equilibrium », *Philosophical Studies*, 100, 2000, p. 323-345.

*18 〔補注2〕（一四五頁）を参照。

*19 「事故」と訳したフランス語 « accident » はまた「偶発事」を単に意味し、本稿では「偶然 hasard」との概念的区別を設けない。「運命 fatalité」と「宿命 destin」についても同様。

ことのない内容――がヒントを与えてくれる。「賢明な破局論」の要諦をまとめた、『チェルノブイリ　ある科学哲学者の怒り』（二〇〇六）の補論から引用する。

> 私の進め方は次のようなものだ。つましき者、素朴な人、パスカルならば「事情に疎い者」と呼んだであろう人から自ずと生まれる形而上学を真摯に受け止めること、である。この形而上学は、たとえば破局のような特筆すべき出来事は、たとえその出来事が起こらぬうちは、避けられぬことではないと考えていたとしても、起こってしまったなら、それは起こらずにはおかなかったと考える。［…］この形而上学は自分を破局の後に投企し、そして、そこに必然的であると共にありそうもない出来事を遡行的に見るのである[*20]（『チェルノブイリ　ある科学者の怒り』169-170／一九五 - 一九六）。

この引用から本稿の枢要な仮説が導かれる。すなわち、最後に「見る」とあることから推察して、破局についての観察者の視点とは、つましき者、素朴な人、「事情に疎い者」の視点のことなのではないか。この引用をもう少し詳しく検討してみよう。まず、「その出来事が起こらぬうちは、避けられぬことではない」。これは前節で述べた、「起こらないことの因果的な可能性」に当たるであろう。他方で、「起こってしまったなら、それは起こらずにはおかなかった」。この部分は「起こらないことの反実仮想的な不可能性」――すなわち運命――に相当する。私たちは確かに大きな災禍を経験するとしばしばこのように考えてしまう。たとえば原発災害であれば、それが起こる前はいくらでも回避可能であると思っている（津波対策の堤防を造ればよい、非常用発電機を設置すればよい等）。しかしひとたび起これば、その災厄は起こるべくして起こったと感じる（営利企業運営からくる津波遡上高の見積もりの低さや非常用発電機の不適切な設置、さらには背景にある省庁の原発推進政策など）。勿論、このような考えは、通常、利口ではない。むしろそれは、災害の前にはしかるべき知識が不足しており、事情に通じていなかったということを、普通は示すに過ぎない。そこで、専門家はさらなるデータをそろえ、それを統計学等で分析することによって、専門知を蓄えていくことを目指すだろう（津波の遡上高の再評価、

＊20　「つましき者」は«humbles»、「素朴な人」は«naïfs»、「事情に疎い者」は«non-habiles»である。同種の内容として、以下を参照。『ツナミの小形而上学』19-20／一五、『聖なるものの刻印』266-267／三一七、『経済の未来』201-202／二〇八 - 二〇九。最後に挙げた著作では、人類学者ジョージ・M・フォスターの著作を手引きに、「この星の農村地帯に住む大半の人々」も加えられている。

日本独自の自然環境の考慮等)。そしてそこから、今後の事故のリスクを減らす試みがさまざまになされるだろう(十分な高さをもった堅固な堤防の建設、自然環境を踏まえた設備の設置、優れたロボットの開発……)。しかし、こうした専門家による「リスク」論の構築こそ、破局を考察することからもっとも目を逸らさせるものなのだ。事故とはほとんど起きないが、極小の確率で起きるものである。そしてひとたび起これば、事後的には必然的な運命として到来する。こうした事故・偶然と運命が混じり合う破局のリアリティを引き受けるために、私たちは、事情に通じていない、素朴なものの見方を採用する必要がある。

以下、「事情に疎い者」*21がここに導入されることの意味を、本節では追究していくことにする。そのために、フォン・フェルスター、ジラール、イリッチからなる〈三つ組み〉を介入させよう。システム論から議論を出発した本稿は、これ以降、ジラールを介してイリッチの問題圏に入っていくことになる。

まず、聖なるものに関するジラールの中心的着想を確認しておく。彼によれば、ある集団においては、報復が報復を産むという仕方で暴力の模倣的連鎖が生じるのだが、その集団は最終的に「犠牲」を自らの外に創り出すに至り、この犠牲が模倣的連鎖の無差別的状態を秩序化するのである。*22 そして、さまざまな宗教および文化の始まりに見出されるこうした事態を、デュピュイはフランス語 « contenir » のもつ二重の意味、「含む」と「抑え込む」を用いて次のように表現している。すなわち、良き「暴力」としての供犠は、それ自身「暴力」を含みながら、また（悪しき模倣的な）「暴力」を抑え込む。聖なるものの起源にはこのような暴力の自己超越・自己外在化のメカニズムがあるのである。*23 そして、序論で示唆しておいた通り、ジラールの解明したこの「メカニズム」は、自己組織化の議論構造と重なるものでもある。両者の相同的な点を、『秩序と無秩序』の記述（129-130／一三〇）に沿って二点にまとめよう。第一に、偶然者の組織者的役割が挙げられる。ジラールにおいては犠牲に選ばれるものの偶然性が、自己組織化ではノイズという偶然性が、そ

---

*21　ここでは、「つましき者」、「素朴な人」ではなく、パスカルへの指示という文脈があるこの語で代表させる。ちなみに、パスカルの『パンセ』では、« habile(s) » は三つの断章で登場する（ブランシュヴィック版二五一、三二七、三三七）。ここではひとまず、「事情に疎い者 non-habile」が「識者・知識人 habile」ではないこと、デュピュイの議論を踏まえて現代的に翻案すれば、「学者 savant」ではないこと、くらいの意味であることをおさえておけば十分である（この点について、森元庸介氏の示唆に感謝する）。

*22　Cf. René Girard, *La violence et le sacré*, Paris, B. Grasset, 1972, chap. 1. 邦訳ルネ・ジラール『暴力と聖なるもの』古田幸男訳、法政大学出版局、一九八二年、第一章。

れぞれシステムの秩序形成を促す。第二に、循環的プロセスの暴露がある。つまり、自己組織化のループと同様の循環が、宗教の定礎に関わる暴力にも存在するのである。「ノイズからの複雑性」を軸とする自己組織化においては、アトラクターがダイナミクスを規定するが、このアトラクターはそれ自身ダイナミクスから創発的に産み出されたものであった（図1を参照）。それと同様に、供犠による犠牲が集団を秩序として規制するのだが、この犠牲はそもそも集団の供犠によって産み出されたものに他ならない。

さて今、第一節における自己組織化の言葉でジラールのメカニズムを表現したが、逆向きに、「ノイズからの複雑性」をジラール的な用語で書き直してみよう。すると次のようになると思われる。アトラクターは、ダイナミクスから創発されたものである限りで、ダイナミクスを含むが、またそれを抑え込む。そして、自己組織化と破局論の照応を考えれば、この書き直しは、破局論の枠組みにおいても可能なのではないか、という推察が成り立つ。実際、『ツナミの小形而上学』（二〇〇五）においては、「未来は私たちにとっての聖なるものである」（106／一二四）と、「未来」が「聖なるもの」と結びつけて語られている。したがってジラールのメカニズムを敷衍すれば次のように言えよう。未来は現在に由来する限りで現在を含むが、かつそれを抑え込む。

破局論に潜むこのジラール的メカニズムを踏まえたうえで、イリッチの問題系に移行してみよう。デュピュイ自身は、「賢明な破局論」の練り上げに貢献したイリッチのテーマとして、「悪の不可視性」を挙げている（『聖なるものの刻印』49-54／五五 - 六〇）。アウグスティヌス以来、西洋では伝統的に、悪はそれを犯す者の意志や意図と関係づけられて考えられてきた。しかし、巨大な災厄が産み出されかねない現代社会においては、悪はシステムとの関わりなしに考えられず、人間の意図から独立してしまっている。[*24] こうしたデュピュイの考えの背景をなしているものこそ、産業社会の実相を分析するためにイリッチによって導入された、「生産様式」の概念である。一方に、「自律的生産様式」がある。それはごく簡単に言えば、周囲の環境から自習し、健康な生活を心がけ、歩行や自転車などの移動手段を用いて自律的に生活することである。他方に、「他律的生産様式」がある。それは教師から教わり、医師の治療をきちんと受け、給油の必要な自動車で各地を駆け回るなど、他に依存して暮らすことである。勿論、この二つは単純に対立し合う訳ではない。

＊23　随所で述べられている内容だが、たとえば、『聖なるものの刻印』25-26／二五 - 二六、および『経済の未来』40-41／四四 - 四五を参照。

＊24　〔補注3〕（一四五頁）を参照。

他律的生産様式は、一定のところまでは自律的生産様式を補い、強化さえしてくれるのである。だが、ある閾値を超えると、それは人間の自律的な創造性を奪うことになる。[*25] イリッチは特に現代の産業社会を、他律的生産様式が過剰に展開し、自律的生産様式を浸食している社会と捉え、この社会が陥っている事態を「時間を食う加速、病気を産む健康ケア、人間を麻痺させる教育」[*26] という耳に痛烈に響く逆説で表現した。こうした表現は無論のこと、単なる印象論としてではなく、定量的な評価を踏まえて用いられている。ごく単純化した例を挙げるならば、一九七〇年代の平均的なアメリカ人は、一日に平均して四時間を車の運転や、車の購入や維持に必要な仕事に費やしていたため、平均走行距離をこの所要時間で割れば、車の時速はせいぜい五マイルに過ぎなくなるのである。

そして、イリッチがこのような他律的な現代の産業社会の中心にいる存在として名指すものこそ、「専門家」集団に他ならない。以下はイリッチからの引用である。

私は二〇世紀半ばを、〈人を不能にさせる専門職の時代〉と名付けることを提案する。それは、人びとが「問題」をもち、専門家が「解決」し、科学者が「能力」や「欲求《ニーズ》」といった計量できないものを測定した時代である。[*27]

しかし、こうした時代は変化しつつある、というのが一九七〇年代後半のイリッチの診断であった。他律的な支配に資する専門家の見解を批判的に検討し、自ら必要な科学的知識の獲得を目指す、力強い「市民」が現れ始めたのである。「進歩し、啓発された技術的能力を証明するものは、専門家体制の手先によって定義された「欲求《ニーズ》」、「問題」、「解決」を系統的に分析して、それらを嘲笑する市民たちの自信にみちた共同体や隣近所やグループなのである」[*28]。イリッチはこのような市民のうちに、他から提供される道具や供給と自律的な創造性とが協働する「共生社会」実現の可能性を見て取っていたと言えよう[*29]。

こうしたイリッチの視角は、デュピュイの破局論の新たな相貌を見せてくれる。実際、「悪人よりも富を産み出す産業家」を恐れるべきとし、国際原子力機関（ＩＡＥＡ）のテク

＊25　Cf. Ivan Illich, « Disabling Professions » dans Ivan Illich *et al.*, *Disabling Professions* [1977], London/New York, Marion Boyars, 1987, p. 32.

＊26　Ivan Illich, *The Right to Useful Unemployment and its Professional Enemies*, London, Marion Boyars, 1978, p. 14. 邦訳イヴァン・イリッチ「創造的失業の権利」『エネルギーと公正』大久保直幹訳、晶文社、一九七九年、八六頁。

＊27　Illich, « Disabling Professions », *op. cit.*, p. 11.「人びと」の原語は « people » である。

ノクラートに批判的な目を向けるデュピュイは、イリッチの産業社会批判を自覚的に継承する文明批評家でもある。[*30] そこで、今、破局論における「事情に疎い者」が、学者でない者、あるいは非専門家であるということを考慮して、次のような想定をすることが許されるだろう。すなわち、破局論における「事情に疎い者」とは、イリッチの言う「市民」ないし「人びと」――以下ではまとめて「市井の人」と呼ぶことにしよう――に対応する、未来の「共生社会」の梃子となるべき存在である。そして、ここにジラールのメカニズムを重ね合わせれば、次のように言えることになる。第一に、事情に疎い者あるいは市井の人とは、専門家や学者を含みながら、それを抑え込むような存在である。第二に、破局にまつわるイメージを見るこうした者たちからなる共生社会は、専門家中心の産業社会から産み出される限りで、産業社会を含みながら、かつそれを抑え込む。かくして、表だって言明されることのない、破局論の実践的・認識論的構図が浮かび上がることになる。すなわち、賢明な破局論とは、破局の回避に向けた共生社会を創成するための実践的な枠組みであり、同時に、事情に疎い者、市井の人を聖なるものにするための認識論的な仕掛けでもある。[*31] ジラール―イリッチの光源からは、破局論のもっとも広いといってもよい実践的・認識論的射程が、このように照らし出されるのである。

＊28　Ilich, *The Right to Useful Unemployment and its Professional Enemies*, *op. cit.*, p. 12. 邦訳「創造的失業の権利」、八四頁。「市民たち」の原語は « citizens ».

＊29　「共生性 conviviality」についてイリッチは次のように述べている。「私は産業的生産性の反対物を指し示すために、「共生性」という言葉を選ぶ。私はこの言葉で、人間同士の自律的で創造的な交わりを、また、人間と環境との交わりを意味したい。これは、他人や人為的な環境によって作り出される需要に対して人間が示す条件づけられた反応とは、対照的なものだ。共生性とは、人間の相互依存の中で実現される個人的な自由であり、またそのようなものとして固有の倫理的価値をなすと私は考える」(Ivan Illich, *Tools for Conviviality* [1973], London/New York, Marion Boyars, 1985, p. 11)。「人間の相互依存の中で実現される個人的な自由」と述べられている通り、共生社会とは他律的生産様式を排した、自律的生産様式のみからなる社会ではなく、両者がバランスを取り、一体となって機能するような社会として構想されている。

＊30　『聖なるものの刻印』53／五九、及び『チェルノブイリ』55-59／六七 - 七二を参照。また、本人の弁によれば、イリッチの『脱病院化社会』仏語版の第三章は主にデュピュイの手になるものだという。

＊31　勿論ここには、〈犠牲の認識論〉としての、キリスト教の認識論的卓越性が最終的な審級として担保されてはいよう。

結論

本稿では、自己組織化における時間のループ構造と外部観察者の不可欠性を確認したうえで、そのループが破局論にも継承されていることを示し、あわせて、「事情に疎い者」が破局論における外部観察者に対応するという仮説を提示した。そして、ジラールを介してイリッチの問題圏にこの仮説を置き直すことで、素朴に物事を眺める人びとからなる共生社会の創成、という破局論のヴィジョンが導かれたのだった。

デュピュイの「賢明な破局論」が、システム論、ジラール、イリッチという、これまで彼が影響を受けてきた思想を一種総合するような立場であることが見定められたところで、最後に改めて破局論における「破局」の考えに立ち戻ってみよう。すると、デュピュイの議論のなかに、「破局」の明確な哲学的定義が不在であることに、改めて気づかされるはずである。実際、ある程度まとまって述べられているところを探したとしても、先の〈事情に疎い者〉の形而上学における記述――破局とは、それが起こらぬうちは、避けられぬことではないと考えていたとしても、起こってしまったなら、それは起こらずにはおかなかったと考えられるようなもの――が挙げられるくらいであろう。そして、これは勿論、議論の欠落を示すものではない。むしろ、破局論が抱え込まざるをえない「本質的な不在」とでも言うべきものなのである。破局そのものは、何らかの哲学的概念や推論によって把捉されるものではない。それは、事情に疎い者の、市井の人のまなざしを引き受けることで――うまくいけば――見られるイメージなのである。今、「うまくいけば」と留保をつけた通り、確かに、これらの人の立場にたっても、破局に関するイメージを抱くことは容易ではないかもしれない。しかしまた、私たちの誰もが「市井の人」の一員になりうるのだとしたら、そのようなまなざしを抱くことは、少なくとも原理的には、私たちの誰であっても妨げられないはずである。この〈誰であっても〉は、困難な破局論の試みのなかで、おそらくもっとも大きな希望である。と同時に、「市井の人」の一員となることは――とりわけ私を含む研究者にとっては――もっとも大きな挑戦でもあるだろう。

補遺　デュピュイ（及び自己組織化）とエピステモロジーの関係についてのノート

フランスの伝統的な科学哲学の系譜としては、まずはエピステモロジー（科学認識論）が挙げられよう。しかし、エピステモロジーと、デュピュイのコミットする自己組織化、あるいはより広く言ってシステム論との関係はつまびらかでないのが現状である。ここでは、デュピュイの思想をより広い科学哲学上の文脈に位置づけるべく、エピステモロジーとデュピュイ及び自己組織化の着想とを簡単に比較する作業をおこなってみたい。勿論、この比較を真に有意義なものにしようとすれば相当詳細な研究が必要であり、ここでの作業はいまだ予備的なものに留まるが、さしあたり以下の四つの補助線が引けると思われる。

一　科学へのアプローチの仕方

ここではフランス・エピステモロジーを、「科学史を領域ごとに追跡しながら、科学の生成・創造に関する認識論的・存在論的問題を考える学派」とまとめてしまおう。ガストン・バシュラール（物理学、化学）、ジャン・カヴァイエス（数学、論理学）、ジョルジュ・カンギレム（生物学、医学）を、領域ごとの代表的な哲学者として挙げることができる。生成や創造を考えるという点で、偶然からの秩序の「創発」を考える自己組織化と重なる面も、確かにエピステモロジーはもつ。とはいえ、自己組織化が科学的な現象を扱うのに対し、エピステモロジーは科学という「学知」それ自体の創造を第一次的には検討する。たとえば、カンギレムもまた、自己組織化の生命観と共鳴するような、生命の「規範形成性」を主張するが、彼のこの主張も生物学史の研究から出てきたものである。

二　観察者の問題

今述べたことと関連する問題であるが、歴史に沿って学知の生成を考えることから、エピステモロジーは科学理論の内的展開を考え、基本的には外部観察者を措定しないように思える。[*32] 確かに数理哲学者アルベール・ロトマンのように、数学理論の外にあってそれを組織化する「イデア」を措定する哲学者もいるが、それは自己組織化の外部観察者のように、階層を上がるたびごとに別個に設けられる視点ではない。

三　スピノザとの関係

デュピュイは「投企の時間」を、ベルクソン、ハイデガー、サルトルといった哲学者の影響下で構想した、と述べているが、その哲学者のなかにスピノザの名前があることは注目に値する。「投企の時間」の重要な特徴として、〈必然的な未来を設定する自由〉という自由と必然性の関係を第二節で挙げたが、よく知られているように、スピノザもまた『エチカ』において自由と必然性の一致を論じている。そして、この哲学者をデュピュイが念頭に置いているという事実は、スピノザ主義がエピステモロジーに多様な仕方で伏在していることが徐々に明らかになってきている現在、非常に興味深いと言えよう。たとえばカヴァイエスは自らをスピノザ主義者であると友人レイモン・アロンに語り、必然性を数理科学の段階だけでなく、自身の率いるレジスタンス活動にも見出していたし[*33]（もっとも、カヴァイエスにおいて問題となっているのは直接的に自由と必然性の関係というよりも、賭けと必然性の関係であるように思える）、また規範形成性などをめぐるカンギレムの生命の哲学にもスピノザの影響があることが指摘されている。[*34] 何人かのエピステモローグがスピノザから継承する反人間主義的側面はデュピュイには存在しないが、いずれにせよデュピュイとエピステモロジーの関係を読み解く際、このスピノザという存在は一つの重要なしるしとなるだろう。

＊32　とはいえ、以下のことは慎重な検討を要する。新たな数学の学説が、既存の操作・演算を対象化することで産み出される場合がある。そして、この対象化は、既存のある操作全体を俯瞰し、観察するような視点を導入することともみなされうる。では、操作を俯瞰するこうした視点は、自己組織化の主張するような諸々のケースを見渡す観察者の視点と等価かどうか。

＊33　Georges Canguilhem, *Vie et mort de Jean Cavaillès* [1976], Paris, Allia, 1996, p. 29を参照。カヴァイエスのスピノザ主義の内実については今なお研究途上であるが、ひとまず、近藤和敬『構造と生成I　カヴァイエス研究』月曜社、二〇一一年、第五章、及び、中村大介「『修正された形式主義』から『概念の哲学』へ――ジャン・カヴァイエスの数理哲学におけるスピノザ主義」『哲學』第六一号、日本哲学会編、知泉書館、二〇一〇年、二七七―二九二頁を参照。

＊34　日本語で読めるものとして以下を参照。米虫正巳「一つのスピノザ主義――カンギレムと哲学（一）」『哲学研究年報』第三五輯、関西学院大学哲学研究室、二〇〇一年、一〇一‐一二五頁、米虫正巳「もう一つのスピノザ主義――カンギレムと哲学（二）」『哲学研究年報』第三六輯、関西学院大学哲学研究室、二〇〇二年、一九‐五九頁、藤井千佳世「スピノザとカンギレム――生の規範から倫理的範型（exemplar）へ」『哲學』第六四号、日本哲学会編、知泉書館、二〇一三年、一七三‐一九〇頁。

四　現象学との関係

おそらく、本論との関係でもっとも興味深いのがこの点であろう。デュピュイ自身が明確に指摘しているように、自己組織化のループ構造は、実のところ、現象学のノエシス－ノエマ相関関係と相性がよい。ここではさしあたりノエシス－ノエマ関係を、「ノエシス作用は対象的意味を確かに産み出すが、事態の規範性・構造はノエマや対象の側から導かれるものであって、ノエシスはそれを明らかにするだけである」とまとめておこう。*35 他方で、自己組織化やシステム論についてデュピュイは次のように述べている。「ネットワークのダイナミクスはアトラクターに向かうが、アトラクターはネットワークのダイナミクスの産物でしかない。ネットワークはまさしく、ブレンターノとフッサールの意味での、志向的存在なのである。［…］システム論は「自己超越」を語る。フッサールの「内在における超越」はこれと遠くない」。*36 システム論と現象学のこのような親和性は、賢明な破局論がシステム論の拡張であることを思い起こすならば、破局論と現象学の意外な近さを示唆するものである（もっとも、事故の起きる確率が書き込まれている点で、破局が志向性を免れるものであるとデュピュイが再三注意を促している点にも注意は必要である）。これに対して、エピステモロジーは現象学と対立し、両者の間には分割線がある、というミシェル・フーコーの指摘は、[*37] エピステモロジーの側からしばしば引き合いに出される見立てである。確かに、数学の哲学においてはカヴァイエス、ジル＝ガストン・グランジェ、ウーリャ・シナサールらが、他の領域ではたとえばカンギレムが、このような見立てを各々の仕方で有していると言えるだろう。とはいえ、現象学を方法論として用いる数学の哲学の系譜もあり（シュザンヌ・バシュラール、ジャン＝トゥサン・ドゥサンティ、ジャン＝ミシェル・サランスキら）、一枚岩ではない。

＊35　ループをなすという記述こそ含まないが、このまとめはドミニック・プラデルによる以下のフッサール現象学解釈を踏まえたものである。Dominique Pradelle, *Par-delà la révolution copernicienne. Sujet transcendantal et facultés chez Kant et Husserl*, Paris, PUF, 2012.

＊36　Jean-Pierre Dupuy, *Les savants croient-ils en leurs théories ? Une lecture philosophique de l'histoire des sciences cognitives*, Paris, INRA, 2000, p. 48.

＊37　Cf. Michel Foucault, « La vie : l'expérience et la science » [1985] dans *Dits et écrits II, 1976-1988*, Paris, Gallimard, 2001, p. 1582-1584. 邦訳ミシェル・フーコー「生命：経験と科学」廣瀬浩司訳『フーコー・コレクション6：生政治・統治』小林康夫／石田英敬／松浦寿輝編、ちくま学芸文庫、二〇〇六年、四二〇 - 四二三頁。

補注

〔**補注1**〕 実のところ、『秩序と無秩序』から「賢明な破局論」にいたるデュピュイの思想遍歴は、このパラドックスとの知的格闘と切り離すことができない。ニューカムのパラドックスとは次のようなものである。

二つの箱があり、一つは透明で千ユーロ入っている。もう一つは不透明で百万ユーロ入っているか、さもなければ空である。後者だけを取る選択肢をA、両方を取る選択肢をBとしよう。問題が行為主体に提示されるときには、予見者は、行為主体がAを選ぶと予見した場合、かつその場合にかぎり百万ユーロをその箱に入れておく。そして行為主体は以上のことを知っており、また予見者の能力には全幅の信頼を置いている。さて、彼はどちらの選択をすべきなのか。ある者は、「予見者は全能なのだから不透明な箱をとるべきだ」と考え、Aを選ぶ。しかし別の者は、「予言能力がどんなに完璧であろうと、選ぶ瞬間には百万ドルは不透明な箱にすでにあるかないか、どちらかなのだから、両方の箱をとるべきだ」と考え、Bを選ぶ。

『秩序と無秩序』では、Aを選択する者が「因果的決定論者」、Bを選択する者が「創造的自由意志論者」と呼ばれ、この対立を自己組織化が乗り越える、という議論の筋道であった。しかし反実仮想に関する研究を通して、デュピュイは破局論では、Aを選択する者の中に「過去に対する反実的な影響力」を見て取り、「(因果的な) 決定論と自由意志の両立可能性を信じる」立場を見出すに至る（『経済の未来』194-199／二〇〇-二〇六）。また、自己組織化の議論から破局論へと至る過程で執筆された論文として以下がある。Jean-Pierre Dupuy, « Two temporalities, two rationalities : a new look at Newcomb's paradox » dans Paul Bourgine & Bernard Walliser (eds.), *Economics and Cognitive Science*, Oxford, Pergamon, 1992, p. 191-22.

〔**補注2**〕「偶然と宿命の混淆」の詳細については、渡名喜論文八七頁を参照。デュピュイ自身はこうした混淆の例としてギリシア悲劇「オイディプス王」とカミュの『異邦人』を挙げているが、ここでは彼が『聖なるものの刻印』の最終章で分析しているヒッチコックの映画『めまい』で考えてみよう（以下、映画の核心部に触れる）。この出色の『めまい』論において、デュピュイが論じていない点が一つある。それは他ならぬ映画の最後、鐘楼の頂上でもみ合うスコティとジュディに人影が近づき、恐怖におののいたジュディが落下する場面である。人影、それは実は修道女なのであるが、彼女が現れたのはたまたまである。しかしジュディの落下に、私たちは物語としての悲劇的宿命を見る。それは、マデリン謀殺シーンにおける人間配置との驚くべき相同性から（エルスター＋マデリン／ジュディと、スコティ＋ジュディ／修道女）、ジュディが最後の最後にようやくマデリン――象徴界におけるマデリンと言うべきだろうか――になったからである。スコティから愛されるためには、彼女はマデリンにならなければならなかった。しかし彼女は墜死することでしかマデリンになれなかったのである。

〔**補注3**〕「システム」の語をここで用いたのは偶然ではない。デュピュイは『ツナミの小形而上学』で、現代において悪は「システムの悪」として自己超越の形象をとる、と述べている。これは自己組織化のシステムと同じ構造ということでもあろう。本書所収の森元論文一五九頁で指摘されている通り、誰もが誰もの代わりを務めることができるもの、それが現代社会におけるシステムであり、そこでは効率と短期的な成果を求める近視眼的な個々の行為が結びついて集積した結果、巨大な災禍が産み出されることになる――にもかかわらず（いや、誰もが誰もの代わりとなりうるという交換可能性のゆえ、と言うべきだろうか）その災禍は避けられぬ運命であるかのように私たちに到来するのだ（「運命とはわれわれの任務放棄の総和である」）。とはいえ、「システムの悪」は袋小路ではない。この自己超越の形はまた「救済の形」でもあるため、「賢明な破局論は［…］私たちを脅かす悪のシステム的な構造を当て込む」ことができる。悪の自己超越は、少なくとも超越という垂直次元が存在することを教えてくれる。そこから、現在を超越する未来が聖なるものであることを、そして未来の破局の現実性を、信じることができるようになるのである（『ツナミの小形而上学』20／一八、及び102-106／一一八‐一二四を参照）。

三　救済の反エコノミー

森元庸介

――システムには勝てないのよ。
――システムって何？
ジョン・カサヴェテス『グロリア』

あたりまえにすぎるからなのか、改めて指摘されることはあまりないように思うけれど、破局について考えることは救済について考えることなのでもあるはずだ。ジャン＝ピエール・デュピュイについてもたしかにそういえるはずで、実際、自身の破局論の梗概を示した『ありえないことが現実になるとき』の一節で、かれは次のように明言している。

> 破局は未来に書き込まれている、ただし微細な確率とともに。この未聞の構図が、わたくしたちの状況についての悲観的なヴィジョンであるどころか、わたくしたちにとっておそらく唯一の救済（salut）の可能性を描き出すものだということを示してゆこう（『ありえないことが現実になるとき』141／一三〇）[*1]。

本当をいえば、当人の言葉にもかかわらず、破局論は深い悲観に染められた思想である。しかしまた当人の言葉のとおり、それは悲観と泥《なず》んでそこに慰みを汲もうというのではなく、わたくしたちを救済するものがあるとするなら、それはどこまでも冷徹な悲観でしかありえないという認識に立った思想、いや、そうした認識それ自体の思想的な呈示である。破局を必然と考えねばならないのは、あくまでも、わたくしたち自身がその原因となっている破局から当のわたくしたち自身を救い出すためだ。

以上のごく簡単な確認を踏まえ、デュピュイのテクストのいくつかを、救済という観点から読み直してゆくことにしよう。救済は、なるほど著者が独立した一章を割いて論じたりする明示的な主題というわけではないが、著作の折々で回帰してくるモティーフであることもはっきりしていて、だから、多様なトピックに拡散するかのごとき印象を与えもするかれの思想をつらぬく顧慮（souci）――考えねばならぬと考えられるまさにそのこと――、少なくともそのひとつを明らかとする縁《よすが》になるかもしれないとは思うのだ。逆に、以下で扱われるトピックの所在を予告的に挙げておくなら、とりわけ焦点となるのはデュピュイの知的形成にとって重大な意味を帯びたふたつの領域、すなわち宗教と経済、そしてまた、両者の交点に浮かぶラディカルな人間学（anthropologie）のかたちであることになろう。

だが、それにしても、破局を――現にいま――目のあたりにしながら救済に思いをめぐらせてみるというのは、いかにも悠長な手遊びと思われもするだろうか。意のあるところ

＊1　引用中で「微細な確率とともに」といわれていることの意味は、本書の中村論文に詳しい。なお、断りのないかぎり、引用はすべて新たに訳出した。

を示すべく、少しく予備的な考察が必要かもしれない。

ひとまず、破局（catastrophe / katastrophē）は一挙一斉的な終局とは別のものなのだと確認することから始めよう。本来の語義を少し自由にパラフレーズしていえば、それは、事物の恒常的な運行（strophe / strophē）――そのありかたは、ギリシア悲劇のコロスがよく示すように、およそのところ水平的な回転運動として思い描かれてきた――が、垂直的な方向から（cata- / kata-）割り込む何かしらの力によって意想外の変転、とりもなおさず「破れ」を露わにするさまである。起きてしまえば取り返しがつかないというかぎりで破局が終局と重ね合わされることは連想としてなるほど自然であるものの、発見術的な観点からするなら、ひとまず両者を区別してみてよい。いや、それ以上に、デュピュイが具体的な状況として想定する破局のありかたは、右の意味論的な系脈と暗黙裡に響き合っているように見受けられるのだ。[*2] 実際、かれがもっとも近い未来にもっとも高い確率で訪れるだろう破局の形態として描き出すのは、たとえば、気象変動にともなって人間の居住しうる土地がついに消滅するよりも前、その消滅が目を逸らしようもなく露呈――「アポカリプス」の原義――したまさにそのときに始まるパニック、つまるところ人間の相互的な大量殺戮である（『経済の未来』130-131／一三四 - 一三五）。ということは、破局は、最終的な破局――つまり終局――が確実なものとして予期される時点で、いわば繰り上げられて始まるのであり、逆にいえば、終局へ差し向けられながら自身に固有の時間的な持続を持つ、というよりもその持続それ自体のことであるわけだ。詩的な証言として、『ありえないことが現実になるとき』がエピグラフに掲げるトマス・S・エリオットの詩篇、「うつろな男たち」の最終連を挙げておこう。

コレガコノ世ノ終ワリカタ
コレガコノ世ノ終ワリカタ
コレガコノ世ノ終ワリカタ
バント爆ゼズニススリ泣ク[*3]

「爆ゼ」てあらゆることが一巻の終わりとなったりはしない。だから破局は、たとえば巨

＊2　渡名喜論文の貴重な指摘も参照（本書四三頁）。
＊3　T・S・エリオット「うつろな男たち」高松雄一訳（『エリオット選集』第四巻、彌生書房、一九六八年、一五五‐一五六頁）。

大隕石の衝突とともに地球がまるごと一瞬で吹き飛んでしまうといった事態のことではない。エリオットは「終ワリ」ではなく「終ワリカタ（the way the world ends）」を歌っている。人間の「コノ世」はまさに一息の終わりを許されずにあって、そこではむしろ、破れとともに「ススリ泣キ」に満ちた終わりへの道（way）が開かれるのである。

繰り返せば、デュピュイとともに考えるべき破局とは、終局へ雪崩れゆく過程のことだ。そして、過程である以上、そこには必ず分岐がともなうことになる。破局に際会した個々の人間の運命は無数に枝分かれし、その枝分かれのありようが、やがてすべてが虚無へ没するに至るまでのあいだ、けれどもなお時が描き出すだろう巨大なうねりそのものと重なる。しかしまた、ひるがえって個々の時点を取り出して見つめるなら、そこで集合としての人間はいつでも否応なくふたつの極に分かたれてあるはずだ——犠牲となる者とそれを免れる者、あるいはそれ自体が破局の持続的な相を証し立てしたプリーモ・レーヴィの書物を思い起こしていえば、「溺れた者（i sommersi）」と「救われた者（i salvati）」。

過去における破局を考えるというとき、わたくしたちの顧慮はもっぱら「溺れた者」の運命へと向かう。それは良心云々の問題である以前に、ほとんど公理というべき水準に属することがらだ。考えているわたくしたちは、考えているというからには、ともあれその時点にあって「救われた者」としてしかありえず、その命運はひとまず思いわずらわれることがない。だが、デュピュイがそうしているように、あえて時間軸を逆転させ、破局を未来における必然として見据える視点を取ってみるなら、そこでわたくしたちが暗示的にもあれ顧慮を指し向けている先はその反対の側、やがて「救われる者」、あるいはむしろ「救われるべき者」としてのわたくしたちの運命にほかならないことになる。未来の破局を考えることは、なにかしらの想像的な快をそこに酌むというのでなければ、まずもってそれを回避するための方途を探ることを目的としているはずなのだから。しかしそのとき、なおいっそう酷薄なことに、ついに救われずに打ち捨てられるだろう者たちの存在は、考えているわたくしたちの意識の閾下に沈んでいるかもしれない。[*4] ためらいはあるが、それをあえて振り捨てながら言明するなら、破局とともに救済が考えられるとき、選別ということがともに考えられている。やはりデュピュイが——もっ

＊4　ということは、これもあまりにあたりまえであるかもしれないが、救済の問いは改めて犠牲の問いと表裏一体である。本来は、ルネ・ジラールに想を汲みつつ展開されるデュピュイの犠牲論をそうした観点から読み直さなければならない（とくに『聖なるものの刻印』の第三章、第四章）。結果として、本稿は論じられるべき問題系の半面を扱うにすぎない。

ぱらハンス・ヨナスによるヴァリアントを経由しながら——繰り返し立ち戻るノアの逸話を思い起こしてみよう。ノアそのひとにとっての破局、運命の転変は神から大洪水の到来を予告されることで始まった。その始まりの時のなかでかれが為すべく迫られたのは、あらゆる動物種から雌雄のつがいを選び取ることである。

あなたは清い動物をすべて七つがいずつ取り、また清くない動物をすべて一つがいずつ取りなさい。空の鳥も七つがいずつ取りなさい。全地の面に子孫が救われてあるように（ut salvetur）（創世記、七・二‐三）。[*5]

かくして救うことは取ること（tollere）、抜き取ること、つまり選び取ることとなしにない。聖書の記述はノアの選別が何に拠ったのかを教えてくれないが、選別があるという以上、そこでは選別が拠るべきもの、つまりは基準が問われることは当然だ。ノアはいかに選んだのか。もっともすぐれたつがいを選んだのか、あるいは最初に目にしたつがいを選んだのか。それとも種ごとの相互推挙によってだったのか、もしかして端的に籤引きによってだったのか。問いはひとめぐりして選別の対象をめぐるものとなる。つまるところ、誰が救われるべきものとされるべきなのか。デュピュイの破局論を救済という観点から読み直すにあたって、念頭にあるのはそのような一連の問いのことだ。

＊

弁明が長くなった。デュピュイが救済の問題について端的に何を述べているのかを確かめることにしよう。もっとも具体的な記述は、二〇一二年刊行の『経済の未来』、とくに「終わりの経済学と経済の終わり」と題されたその第三章に読むことができる。自身が先行してまとめあげた「自己超越」という理論モデルに拠りながら、自由市場の論理、またその基盤としての経済的合理性という観念を厳しく問い直すこの本にあって、死をめぐる私的な随想風の述懐をも織り交ぜたこの章は、他とくらべると目立って短いこともあり、インタールードのように差し挟まれたものとさえ感じられる。だが、いくらかの韜晦を感

＊5　強調引用者。訳文は新共同訳によりつつ、ただし「ut salvetur」に対応する「生き続けるように」を、意味連関が明確になるよう「救われるように」とした。ちなみに、日本語の「救済」にあたるラテン語は salus であるが、本来の意味は「無事であること」。動詞 salvare はそこから派生して、とくに教会用語として用いられた。

じさせるその記述は、少し注意して読んでみるなら、デュピュイの思想の破滅的ともいうべきラディカルな側面を透かし見させるものとなっている。

論じられているのはとりわけ社会保障（service social）のことだ。社会保障の大義とは突き詰めれば人命の救済、つまり、しかるべき処置を事前に講ずるなら失われずに済むはずの人間を救い出すことである。しかし、現今にあってそのために動員されている思考原理はいかなるものであるか。なかば寓話的に語られるトピックのひとつに、自動車事故対策とガン研究というふたつの異なる領域の関係がある。[*6] 異なる領域ではあるけれど、その目標はともに人命の救済ということにある。自動車事故もガンも徹底的に撲滅し、そうしなければ失われてしまうだろう命を最後のひとつまで救えたなら、なるほどそれに越したことはない。しかしそうはゆかない。わたくしたちに許された手だて――いや、この場合は、リソースという散文的な言葉こそがふさわしいかもしれない――は端的に有限だからである。だから有限の範囲でもっともふさわしいリソース配分を考えねばならない。どのように配分するのがよいか。スタンダードな理念を提供しているのは、もちろん合理性だ。では、その合理性は政策においてどのように表現されるのか。自動車事故対策とガン研究の費用対効果を計算し、それぞれが救うと予測される人命の合計が最大化される均衡点を探ればよい。パレート効率性から見た均衡のことがいわれている。いまの場合、どのようにもあれそれ以上にリソース配分を傾斜させれば、救済される人命の総数が減少してしまう、それゆえもう手を加えることをいっさい控えるべきだと判断される局所点のことであり、その局所点こそが効率の最大化の表現、だからまた個々の命のあいだに価の差を持ち込まない、つまり可能な範囲における最善の「社会的公正」の実現なのだということになる。

だが、デュピュイはこうした（それ自体が効率性と同一視された）合理性による公正観念を一蹴する。糞食らえとさえ思っているかもしれない。なぜなのか。そこで救われるという命は、けれどもその個々の価を捨象されてしまっているから、あるいは——学生時代に自身が手がけた研究論文の内容を念頭にデュピュイが述べるところでは——まるで軍用ジープでもあるかのように扱われているからだ。統計のうえで個々の軍用ジープは識別されない。そのあいだに差異があるとすれば、それはひとえに経年劣化の度合いのちが

＊6　もうひとつのトピックは終末医療の「非効率性」をめぐる議論、またその「非効率性」を口にせぬために持ち出される、いっそう人道主義的な代替治療というオルタナティヴの欺瞞性である。

いに由来するのであり、必要な維持費が期待される効果に見合わなければ、そのジープは解体処分してしまうのがよい。ということは、経年劣化の度合いのちがいということさえ本当のところは少しもちがいを構成していない。それぞれのジープは、有限なリソースとその配分をめぐる計算の対象となるかぎりにおいて、すでに相互に通約され、交換可能なものとみなされているのだから。さて、ひとの存在もそうしたジープと同じように扱ってよいはずだ、とわたくしが口にしたなら、読者諸賢はただちに異を唱えることだろう……だがしかし、社会福祉政策をめぐってたとえば右のようにパレート均衡を基準とするとき、ひとがおこなっているのはそれと少しも変わるものではない、とデュピュイはいう。

　ということはつまり、デュピュイがここで棄却しようとしているのは、「ひとの命は等しく尊い」、あるいはその人道主義的なヴァリアントである「ひとの命に価はつけられない（priceless）」といったわたくしたちの時代にとっての黄金律なのであり、（韜晦によってそれなりの迷彩がほどこされているとはいえ）そこからネガとして浮かび上がるかれ自身の主張は、むしろひとそれぞれの命には固有の価——あえて言い換えるなら「偏差値」——が割り当てられているのだ、ということである。耳を逆撫でる主張だろうか。だが、ともあれ現実の世界、とりわけその「現場」に目を向ければ、右の黄金律が裏切られてあることこそが常態だ。効果の顕著な医療機器が純会計的には購入可能であっても、なにかしらの配慮から導入を見送られたりする。災害にあたって生存者の捜索がまだ可能であっても、やはりなにかしらの配慮から打ち切られることがある。そして、そのときに持ち込まれる配慮は、たいていの場合、計算的な合理性とは別の基準に拠ったものである（デュピュイはことさら明言していないが、たとえば右の事例についてはそれぞれ、医療機関内のパワー・バランス、メディアを介した社会的な関心の消長といったことが考えられよう）。机上の計算が示す帰結はたしかに机上のものなのであって、現実の人間活動が示す帰結はほとんどいつでもそれを下回るのだ。

結果、本当のところは誰もが知っているように、現実において、救済の対象となる人間の命は等価であったりしない。少なくともア・ポステリオリには、そのひとつひとつに異なる「価」が割り当てられ、しかもそれは、合理的な計算上で可能とされ、だから実行が必然とされることを実行しなかった結果だという意味で、まさに非合理的な価である。だが、この非合理は不当であるのか。そうではなく、この非合理こそ、人間の良かれ悪しかれ人間的でしかない現実に内属しているのであって、不当なのは合理性という公準のほうだ。デュピュイはそう明言して、次のように少なからず挑発的な想定事例を提示する。曰く、統計的に見れば、自動者事故での死者は航空機事故での死者に比べてはるかに多い、けれども、わたくしたちがいっそう胸動かされるのは明らかに航空機事故のほうではなかろうか。あるいはまた曰く――なお記憶に新しいところだが――二〇一〇年、チリ・アタカマ砂漠の鉱山で三三人の鉱夫が落盤事故によって閉じ込められ、幸いにして――もちろん幸いにして――その全員が救助されたわけだが、しかし、どうだろう、かれらのたとえば九割が救助されていたなら（九割しか救助されていなくても）、世論はおおむねそれをよしとしたのではなかろうか（さりながらまた、救助されずに終わった一割の者の遺族がそれをまったくよしとしなかっただろうことは、厳然としてたしかであろう）。わたくしたちのこうした（飛行機事故に対する）感情的反応や、（鉱山事故の反実的な、もう少し不幸な帰結に対する）ひそかな諦念は、いまやほとんどあらゆる場面でそれと明言しがたいものとなった。だが、その黙された曖昧さの領分にこそ、デュピュイは、合理性の論理にはついに還元されることなくある人間的な非合理の領分を看て取り、頑としてそれを擁護する。なぜといって、計算のうえで救えるものすべてをすべからく救うべきだと思い為すとき、救われるものの個性は交換可能な単位のうちに還元されてしまうからだ。そうではない。ひとは計算上で救えるから——ただ救えるから——救われるべきなのではない。救済という観点からするとき、デュピュイが決して譲らぬ顧慮の核心に、そのような信条がある。

いま、「信条」とあえて述べた。右の主張が、デュピュイみずから知的に回心を遂げたのだと宣明するキリスト教から汲まれたものであるのを念頭に置いてのことだ。同時に、冒頭で短く予告したように経済と宗教とがデュピュイの思想のうちで鋭く交差するのは、ひとえにこの地点においてのことである。だが、そのことをテクストに即しながら検討するに先立ち、またしても少しく迂回が必要となりそうだ。

ここまでに概観した理路からも明らかなように、デュピュイが批判の対象としているのは、計算的な合理性にもとづく経済至上主義的な思考の体制である。破局論のいわば本体部分にあっても、かれの主たる仮想敵は合理性に依拠した予防原則の理論、あるいはその具体化としてのリスク・マネジメントの思想＝実践にあったのだから[*7]、かれの思考の一貫性は一見して明らかだ。しかし、そのうえで注意すべきは、救済と経済の関係というとき、とりわけ経済とはいかなるものを指すのか、というそのことである。

＊7　これについては本書の渡名喜論文を参照。

＊

ジョルジョ・アガンベンのひときわ充実した著作『王国と栄光』を発端として汎く論じられるようになったと考えてよいのだろう、[*8]「経済（économie）」の語源として名高いギリシア語の「オイコノミア（oikonomia）」は、キリスト教神学の文脈において、ほからぬ「救済」の観念と深く結びついた言葉である。その端的な証左として、とりわけ今日、教会用語として改めて流布することになった「救済のオイコノミア（économie du salut）」という表現がある。[*9] 基点となったのは、遠くさかのぼって聖書の記述だ。関連する複数のくだりからただひとつ、範例としての価値を持つといってよいだろう「エフェソの信徒への手紙」の冒頭近くを挙げたい。さしあたりパウロと比定される手紙の書き手は、そこで、神が人類の贖罪のためにイエスを遣わしたことの意味を次のように説明している。

神はこの恵みをわたしたちの上にあふれさせ、すべての知恵と理解を与えて、秘められた計画をわたしたちに知らせてくださいました。これは、前もってキリストにおいてお決めになった神の御心によるものです。こうして時が満ちるに及んで、救いの業が完成され、あらゆるものが、頭であるキリストのもとに一つにまとめられます（エフェソ、一・八‐一〇）。

神はその恵み（ないし恩寵）によって「秘められた計画」を明らかにしたのだという。何が「秘められた計画」なのか。「時が満ちるに及んで、救いの業が完成」されることである。引用（新共同訳に拠った）では少し説明的に「救いの業」とされているが、七〇人

＊8　つい最近、以下の雑誌で充実した特集が編まれた。『ニュクス』創刊号（二〇一五年）。また、次の研究報告に収められた資料集も、啓発的な各論文と相俟ってきわめて有益なものである。麻生博之編『エコノミー概念の倫理思想史的研究』（二〇〇七―二〇〇九年度科研費補助金研究成果報告書）、二〇一〇年（キリスト教神学との関連では、とくに一三八‐一四一、一四四‐一四五、一四九‐一五〇、一七五‐一七六頁を参照）。

＊9　とりわけ『カトリック教会のカテキズム』（初版〔フランス語〕、一九九二年）の各所を参照。また、その一節（第一二二項）で参照される『啓示憲章（Dei verbum）』（一九六五年）は、予表論の図式を念頭に「オイコノミア」を次のように定義している。「旧約におけるオイコノミアの主たる存在理由は、万人の救済者キリストとそのメシア的な王国の到来を準備し、予言的にその到来を告げ〔…〕、それをさまざまな予表によって示すことであった」（第一五項）。

＊10　参考までに言及しておくと、聖書文語訳が採用している訳語は「経綸」。

訳のギリシア語でそれと対応するのはただ一語、「オイコノミア」だ。[*10] ひるがえって、なぜ「オイコノミア」という一語を（日本語であれば）「救いの業」と訳すことが可能とされるのか。右で名前を挙げたアガンベンそのひとは、この一節をはじめとして聖書に読まれるギリシア語「オイコノミア」に「救済」の含意はなく、ただ「営み（attività）」とでも解するのが適切なのだ、といつものように少し突き放した指摘を加えている。[*11] ただ、かれがそのように指摘することができるのは、そもそも（とりわけギリシアの）教父文学・護教論に、この言葉を救済と関係づけてきた解釈上の有力な伝統があるからだ。[*12] そこで問われたのは、一方では、神が自身の子を人類の贖罪のために降下させたという事実――またそこから遡って三位一体という組成（やはりオイコノミア）――の意味であり、他方では、その意味の顕在化の過程として捉えられた歴史、すなわち審判の時を帰着点とする歴史との関係における神慮の内実である。[*13] そのかぎりで「オイコノミア」は、救済史（Heilsgeschichte）――これ自体は相対的にプロテスタンティズム神学と親和性の高い表現であるが――をめぐる神学的な考察とたしかに結びついている。

いかにも秘教的な印象を与えるかもしれないこうした問題構成は、しかし時代がくだって、あからさまに計量的な用語とともに取り扱われるようになる。これもまたごく限定的に触れることしかできないけれど、賭け金のひとつとされたのは、やはりパウロ書翰の次の一節である。「〔神は〕すべての人間が救済されることを〔…〕意志しています（omnes homines vult salvos fieri）」（テモテ一、二・四）。端的に信じがたいといわざるをえない命題であるかもしれないが、実際、少なくとも近世のカトリック世界にあっては——とい

＊11 Giorgio Agamben, *Il Regno e la Gloria. Per una genealogia teologica dell'economia e del governo*, Vicenza, Neri Pozza, 2007, p. 36-37〔ジョルジョ・アガンベン『王国と栄光 オイコノミアと統治の神学的系譜学のために』高桑和巳訳、青土社、二〇一〇年、五六頁〕。逐一挙げることはできないが、聖書のさまざまな翻訳を一瞥するだけでも、たしかに解釈に幅があるのだということが感じられる。本論との関係で興味深いのはプレイヤード版のフランス語訳が gestion を採用していることだろうか。これは本文中の引用（一七〇頁）でも示唆されるように英語 management に対応する単語である。さらに、この英語について、辞書の掲げる示唆的な用例を原文のままで掲げておく。« Horsley, Serm. I xi (1812), 239 : The holy angels are employed upon extraordinary occasion in the affairs of men, and the management of this sublunary world » (OED, s. v. « management »).

＊12 ひとまず、前注8に挙げた『ニュクス』創刊号から、以下の論攷を参照。土橋茂樹「教父哲学におけるオイコノミア」『ニュクス』創刊号（二〇一五年）、三八 - 五一頁（とくに四五 - 四九頁）。

＊13 アガンベンによれば、従来の研究における見解の対立とは裏腹に、このふたつの側面は表裏一体のものであって分離できない。Agamben, *Il Regno et la Gloria, op. cit.*, p. 65-67〔前掲邦訳、一〇八 - 一一一頁〕。

うことはまた、プロテスタンティズムとの対抗関係が陰に陽に意識されながら——、これをいかに解釈するのかということが、ジャンセニスム論争[14]をはじめとする大小さまざまの議論とともに、弁神論におけるひとつの焦点を構成することになった（デュピュイが破局論にとっての思想史的なパラダイムとして重視するライプニッツの弁神論、またそれをプリズムとしたヴォルテールとルソーの係争も、この問題の展開形として捉えることができる）。「神は万人の救済を意志している」というが、その「万人」にたとえば異教徒が含まれることはもちろん教義上ありえず、しかしまたキリスト教信徒のすべてがそこに含まれるのでもないはずだ（「招かれる者は多いが、選ばれる者は少ない」（マタイ、二二・一四））。逆にいえば、神の意志とその実現のあいだにはともあれ距たりが存することになるが、その距たりが全能であるべき神におけるなにかしらの欠性——神が望みながら為し得ぬものがあること——に由来することもまた原理的にありえない。結局のところ、問いは、その救済が神によって意志されているという「万人」が何を意味しているのか[15]、ということは「万人」はともあれ文字どおりの万人ではないのだから、選別の基準がどこに存するのかという点に帰着する。[16]

今日的な関心からはなお縁遠い話題のように思われるかもしれない。しかし、そこで霊的な次元についていわれたことがらを、さしあたり無造作に物質的な次元——たとえば自動車事故対策やガン研究が救済しようとする人命の次元——にスライドさせてみれば、救済の原因が恩寵であるか予算措置であるかというちがいこそあれ、いずれ扱われているのはひとえに配分の問題——実際、配分（distribution）もまた、件の問題系をめぐるキリスト教神学にあって頻繁に用いられてきた言葉である——、その意味で現今のわたくしたちにとって「オイコノミア」のほとんど唯一の意味となった、いわゆる「経済」の問題であることが否みようもなく見えてくるはずだ。*17

＊14　いわゆる「ジャンセニウスの五命題」のうち、とくに最終命題がこの問題と関係する。

＊15　神学史上では「選ばれる者の数（nombre des élus）」と総称された問題である。近代における教説の変化に着目した論攷として以下を参照。Guillaume Cuchet, « Une révolution théologique : le triomphe de la thèse du grand nombre des élus dans le discours catholique du XIXe siècle », *Revue d'histoire du XXe siècle*, n° 41 (2010), p. 131-148.

＊16　カルヴァン主義において、こうした選別の問題は「予定（prédestination）」の概念を核として具体化する。デュピュイは、いわゆるヴェーバー問題を介して、この問題について独自のアプローチを試み、それをさらにニューカムのパラドクスをめぐる考察に接続させている（『経済の未来』第四章「経済合理性批判」、および「補遺」）。

＊

キリスト教神学の有力な伝統において救済の問題は経済の前史、あるいはむしろ経済が経済となる歴史そのものと交わることもあったのだとして、デュピュイ自身がキリスト教から酌むのは、容易に予想されるはずだが、それと別の、さらにいえば、それと正面から対峙するような救済観である。この点を確認するについては、かれが自身の知的径程を省みながら、ひとまずの思想的な決算を示したといえるだろう『聖なるものの刻印』の記述を参照するのがよい。

宗教的な犠牲祭祀の非合理、ということはとりもなおさずその人類学的な意義、それがあくまで「人間的、あまりに人間的」な現象であることを説く第三章の最終部で、デュピュイはドレフュス事件、そしてなにより、かのエミール・デュルケムがドレフュス擁護のために張った論陣を検討している。

一八九八年、ドレフュスの存在に、近代を蝕み、国家＝社会の安定を脅かす「個人主義」の帰結を見て取る論者（とりわけ批評家フェルディナン・ブリュヌティエール）に反駁する文章において、デュルケムは「個人主義」は近代に固有の現象などではなく、むしろキリスト教による大いなる発明なのだと主張した。自己利益の追求に専心する（なるほど批判されるべき）個人主義とは別の個人主義があり、それこそはキリスト教が教え、かつフランスの最良の知的伝統が徐々に世俗化される自由主義という別の形で継承してきた個人主義である。その個人主義は、個人にそなわる人格――より具体的に「命、自由、名誉」――のうちに「儀礼的な意味における聖なるもの」、あるいは「〔神的な〕威厳」を見出し、それを至上の価値としてあらゆる「卑俗な接触から引き離し」――「引き離す」ということが「聖なるもの」の意味論的な核のひとつであることを確認しておこう――、それによって擁護する個人主義なのでもある。近代の宿痾として（デュルケムからすれば誤って）理解された個人主義を体現するかぎりにおいて攻撃の対象となったドレフュスは、このキリスト教の遺産としての個人主義の原理に鑑みて擁護されねばならない。デュルケ

＊17　たとえば、一七世紀における一連の論争の中心人物のひとりニコラ・マルブランシュは恩寵の配分を記述するにあたって聖書における雨の譬喩（マタイ、五・四五）を好んで用いたが、後年になってフランソワ・ケネーがそれを経済活動をめぐる記述にほとんどそのまま転用する。以下の指摘を参照。Agamben, *Il Regno e la Gloria*, *op. cit.*, p. 308-309〔前掲邦訳、五二四頁〕。また、（アガンベンが批判的に言及する）以下の著作をも参照。Patrick Riley, *The General Will before Rousseau. The Transformation of the Divine into the Civic*, Princeton, Princeton University Press, 1986, p. 5 *sq*.

ムはおよそのところそのように述べている。

先に、ジャン＝ピエール・デュピュイが社会保障を論じるなかで、計算的な合理性の観念を批判しながら、個々の命の個性を擁護していたことを見た。いましがた紹介したデュルケムの立論は、一見してそうしたデュピュイの立場によく調和するかに思われる。だが、デュピュイはデュルケムの議論の威力を相応に認めつつ、それがひとつの決定的な限界を持つことを指摘する。とりわけ問題とされるのは、次のようなくだりである。

個人の権利に反するあらゆる企てに〔ドレフュス派〕が憤慨するのは、犠牲者への共感のためばかりではない。また、自分も同様の不正に苦しむことになりかねないという怖れのためでもない。それが罰せられぬままであったなら、国民の存在が損なわれるからなのだ。［…］冒瀆を許容してしまった宗教は、良心に対するあらゆる影響力を放棄することになる。それゆえ、個人を奉じる宗教は嘲弄されたなら抵抗せねばならず、さもなければ自身の信用を破壊してしまうことになる。そしてまた、この宗教はわたしくしたちを互いに結びつける唯一の紐帯なのだから、そのような惰弱な反応は必ずや社会の解体の端緒となってしまう。だから個人主義者は個人の権利を擁護し、それによって社会の死活的な利益を擁護するのだ。[*18]

どこに限界があるのか。突き詰めていえば、それは冒頭の「犠牲者への共感のためばかりではない」というくだりである。デュルケムはたしかに攻撃に晒されている個人ドレフュスを擁護しているように見える。けれども、それはデュルケムが個人主義のアイコンとなったから、ただそれだけだからだ。個人ドレフュスは個人主義という理念を体現する、いや、むしろ体現させられるかぎりで、またそのような存在として（個人主義を糾弾する陣営から）攻撃の的とされるかぎりで擁護されているのであり、それは結局のところ個人主義という抽象的な価値に個人ドレフュスの代えようもない――交換の対象として考えるなら無価値とされるだろう――「個」性を犠牲として捧げることによって為される擁護にすぎない。そうした擁護のありかたを斥けて、デュピュイは次のようにいう。

＊18　Émile Durkheim, « L'individualisme et les intellectuels » [1898], Paris, Mille et une nuits, 2002 (avec une postface de Sophie Jankélévitch), p. 24.『聖なるものの刻印』159-160／一八八-一八九にもとづく。

わたしが理解するキリスト教は、これとまったく反対のものだ。〈人間〉一般やあれこれの〈至上価値〉に、偶像崇拝の危険を冒してまで神格化するだけの価値などありはしない。苦しんでいる人間、その名で呼ばれる者、迷える子羊。大切なのは、そしてたとえ残りの九九を危険に曝してまで救うべきは、ただそれだけなのだ（『聖なるものの刻印』160／一九〇）。

救わねばならないのは、ただ不当に苦しむひとりの人間なのであり、それ以外のいかなるものでもない。それがなにかしらの理念、さらにいえば宗教的な理想の名のもとに為される救済に対する否であるとともに、合理性――あるは端的に数による支配――に対する否でもあることは明白だ。断るまでもないかもしれないが、右の引用で念頭に置かれているのは、名高い「迷える子羊」の譬えである。「あるひとが羊を一〇〇匹持っていて、その一匹が迷い出たとすれば、九九匹を山に残して置いて、迷い出た一匹を捜しに行かないだろうか」（マタイ、一八・一二）。迷える子羊を捜すようにうながすもの、それはその子羊が現に迷っているという当の事実のうちにあり、その事実をのぞいてはどこにもない。

だが、この教えは脆い。あるいはその脆さこそが教えの核心である。そのことを逆説的にも示しているのは、教えを語ったイエスそのひとがやがてたどった運命であるだろう。イエスを捕縛したユダヤ人たちは、かれの身柄をまずは大祭司カイアファのもとに送り届ける。そのカイアファは次のような唆しを与えた。「ひとりの人間が民の代わりに死ぬほうが好都合である」（ヨハネ、一八・一四）。デュピュイは、ここに、以降の人類史を貫くことになった決定的な分岐を見ている。

ひとびとのため、民族全体が滅びぬために、たったひとりの人間が死ぬというのは本当によいことなのか。キリスト教とユダヤ教の分岐点で為されたカイアファの選択ないし排斥は、二〇世紀のもっとも有力な道徳的かつ政治的な教義、合理性という唯一の源泉にもとづくと主張する教義を構成する要素となっている（『聖なるものの刻印』28／二八）。

二〇世紀にあってカイアファの後継者はどこに現れたのか。デュピュイが挙げるのは、ウィリアム・スタイロンの小説『ソフィーの選択』の、表題の由来ともなった場面である。アウシュヴィッツに降り立ったソフィーにナチスの将校が提案をする。彼女が連れているふたりの子供のうち、助けるべき一方を選ぶのなら、その子供は助けてあげよう、選択しないのならふたりとも殺されることになるだろう……。ふたりのうちのどちらを選んだとしても、それはいかなる質的な差異とも関わらない、ただ救われる命の数が最大化される——いや、ここでは〇から一になるわけだからむしろ無限化されるのでさえある——というだけの、しかも強いられた選択である。この選択の強制こそは「死の行政処理(administration)」であり、「犠牲の合理的なマネジメント(gestion)」の極限的な発現であることを指摘しながら、デュピュイは次のようにいう。

> 「理性」——この悪夢の状況において「理性」という言葉はおぞましい響きを持つかもしれないが——は、ソフィーに選択することを選択するよう強いるのだ。それは、祭司長たちやパリサイ派のひとびとに次のように説き勧めた大祭司カイアファの理性でもある。「あなたがたは何もわかっていない。あなたがたは、ひとびとのためにただひとりの男が死ぬほうがましだということ、民の全体が滅びずにあるほうがましだということをわかっていない」[*19](『聖なるものの刻印』168-169／二〇一-二〇二)。

誇張法ではないのか。そもそも「ソフィーの選択」は文学的なフィクションではないのか。デュピュイはいたずらにジャンルの混同を犯していないだろうか。そのように問えるのかもしれない。だが、小説の発表からこのかた、ほかならぬ「合理的選択理論」こそが、その「選択」を好個の練習問題（!）として繰り返し取り上げてきたことを指摘しておこう。[*20] フィクションのなかの悪夢は、わたくしたちの時代の理論、ということは現実を「構成する要素」なのだ（範例をひとつ。二〇世紀初頭以来、世界を統べる原理となった「マネジメント」の鼻祖フレデリック・テイラーは、『科学的マネジメントの諸原理』（一九一一年）の冒頭で、合理的選択理論のソフィスムとは遠く離れた実に簡潔な語り口とともに、

＊19　なお、前注11で触れたように gestion は英語の management に対応する。もとになったラテン語動詞 gerare は、とりわけ秘蹟の実践をめぐってキリスト教神学が頻繁に用いた言葉であり、現代フランス語はこれをしばしば administrer によって訳している。ちなみに、イヴァン・イリッチは「秘蹟（sacramentum）」と「道具（instrumentum）」という両概念のあいだに密接な関係を見る。Ivan Illich, *The Rivers North of the Future. The Testament of Ivan Illich as told to David Cayley*, Toronto, House of Anansi, 2005, p.78-79〔イバン・イリイチ『生きる希望　イバン・イリイチの遺言』臼井隆一郎訳、藤原書店、二〇〇六年、一四六-一四八頁〕。

＊20　以下から教わった。Anton Schütz et Chantal Schütz, « Substitution for Substitution in *Measure for Measure* », *Sillages critiques*, n°15 (2013), p. 5.

次のように述べていた。「過去にあっては人間が第一であった。未来にあってはシステムが第一とならねばならない」[*21]。カイアファの理性が全面的に――マネジメントの場で、合理的選択理論の場で、最適化された社会保障という理念の場で――浸透した世界にあって、わたくしたちは「誰でもよい」者であることを求められ、この求めは、それがカイアファの理性に由来することが忘れられる度合いにおそらく応じて、ますます自明のものとされつつあるようだ)[*22]。

カイアファの合理の対極に迷える子羊の譬えの非合理を据え、断固として後者に即くこと。繰り返すならば、デュピュイがみずからの信条として掲げる立場はそれだ。そしてまた繰り返すならば、その信条とは、「誰が救われるべきなのか」という問いそのものをさえ否み去って「どれだけの者が救われるのか」を焦点化し、選別を計算の論理に還元する思考の体制に対する断固とした否でもある。

そのような否は、ではひるがえって、何に対しての諾でありうるのか。デュピュイによる回答は、迷える子羊の譬えへの参照とともにすでに示されている。「苦しんでいる人間、その名で呼ばれる者、迷える子羊」。しかし、ここにいささかの混乱を招き寄せるものが含まれるのでもある。なぜといって、そのとき救われるべき者はあくまで任意の誰か、言い換えれば……誰でもよい者、ということになるはずなのだから。
　この「誰でもよさ」と経済的合理性について先に触れた「誰でもよさ」を何が区別させるのか。*23 あるいは両者を区別させるものが何かあるのか。この点をめぐって最後に参照すべきは、デュピュイがイエスの教えの核心にあるとみなす「よきサマリア人」の譬え（ルカ、一〇・二五-三七）、隣人愛とは何であるのかをめぐって名高いうえにも名高いあの譬えである。内容の確認を兼ね、かれ自身による要約の形で引くことにしよう。

＊21　Frederic W. Taylor, *The Principles of Scientific Management*, New York, Harper and Brother, 1911, p.5。以上を一〇〇年前の素朴な物言いと侮ることはできない。証左として次を参照。「なんであれ大切なのは、「この仕事はこの人でなくては駄目」という状況をつくらないことです。その上で、業務の徹底した標準化・マニュアル化をはかり、「いつ・だれが辞めても困らない」状態にしておくことです」（小山昇『こころ豊かで安全な経営とは何か』「スペシャリストを育ててはいけません」http://www.nikkeibp.co.jp/article/column/20140916/415607/?ST=business&P=4）。

＊22　この過程についての批判的な分析として以下を参照。Alain Supiot, *La Gouvernance par les nombres. Cours au Collège de France (2012-2014)*, Paris, Fayard, 2015.

＊23　デュピュイ自身は概念の精密化にとくに意を用いないが、ここで問題となる「誰でもよさ」を含む「何でもよさ（quodlibet / qualunque）」について、以下が参考になる。Giorgio Agamben, *La Comunità che viene*, Torino, Bollati Boringhieri, 2001 [1992]〔ジョルジョ・アガンベン『到来する共同体』上村忠男訳、月曜社、二〇一五年〕。

律法家がイエスに尋ねた。「わたしの隣人とは誰なのですか」。「汝自身のごとく愛せ」と律法が命じている隣人のことを問うたのである。イエスはひとつの逸話で答えた。［…］イェルサレムからエリコに向かう男が盗賊に襲われ、瀕死のまま放置された。まず司祭、ついでレビ人が通りかかったが、男を助けようとはしなかった。しかしサマリア人（つまり異邦人）が憐れに思ってかれを助け、手当をするために全力を尽くした。イエスは対話の相手に向かって言う。「この三人のうち、盗賊に襲われた男の隣人であったのは誰だと思うか」。相手は答えた。「かれに慈悲をほどこした者です」。イエスはそこで言った。「行け、あなたもまた同じようにせよ」（『聖なるものの刻印』149／一七五-一七六）。

ここに何があるのか。デュピュイはほとんどぶっきらぼうともいえる口調で次のようにいう。「テクストがわれわれに語っているのは、隣人、本当の意味での隣人とは、文字どおりの意味で誰でもよい（n' importe qui）ということだ。倫理の基礎にある禁止や義務など、ひとを自閉させる文化的な障壁でしかない、そんなもの知ったことか、というわけなのだ」。

デュルケムが奉じたキリスト教とは「まったく正反対のもの」といわれていたデュピュイ自身のキリスト教——あるいは「宗教」となったキリスト教の手前で、イエス・キリスト本人の言葉に言葉どおりにしたがうという意味において「キリスト主義」とでも呼ぶべきであろうか——とはつまり、個人主義という理念のもとに個人を消去することへの否であるとともに、救済すべき者についての基準を、倫理なり、経済なり、いかなる基準によってもあれ、いかなる形においてもあれ事前に定めることへの否である。誰が「愛すべき隣人」であるのかをあらかじめ決めることなどできない、あるいはそうしてはならない。そうした決定は「隣人となるひとは誰でもよいのだ」という簡明な真理に対する裏切りとなるのだから。ひるがえって、隣人とは不意に出会われることによってのみある者、言い換えるならその現存在——現にそこに（là）ある（être）こと——が根本において偶然にゆだねられた者、端的にわたくしたちひとりひとりのことだ。

よきサマリア人の譬えを右のように解するについて、デュピュイは自身がイヴァン・イリッチに決定的なものを負っていることを明言している（『聖なるものの刻印』149／一七七）。イリッチは事実、たとえば結果として自身の思想上の遺言となった対話篇『生きる希望』

において幾度となくこの譬えに立ち戻るのだけれども、そこで倦まず力説されるのは、サマリア人による救いは、あくまで誰でもありえた「誰か（somebody）」に向けて差しのべられたのだということ、裏を返せば、あらかじめ定められたいかなる基準にも基礎づけられていないのだということである（「誰がわたくしの隣人であるべきかをカテゴライズする方法などないのです」）。[*24]だからまたイリッチは、この譬えが救済すべき者の範囲を確定するという教義上の討論問題となったこと、その遠い帰結として（デュピュイも論じた）社会保障（social service / service social）という制度化を引き寄せたことを指摘し、キリスト教世界に固有の根深い頽廃（「悪の神秘」）をそこに看取する。

以上を確認したうえで、一点をだけ付け加えておこう。イリッチもデュピュイもあえてそうする必要を感じなかったのであろう、ことごとしく説明したりはしないけれども、ふたりの指摘を踏まえてサマリア人の譬えを読み直すとき、驚きとともに改めて気づかされるのは、イエスの答えが律法家による問いそれ自体の反転として与えられているということだ。[*25]律法家はわたしにとって誰が隣人なのかを問うていた。これに対して、イエスは「あなたは、それが誰であるにせよ、あなたが救う者にとっての隣人となる」と答える。視点の根本的な逆転があるわけだ。わたくしが誰かを隣人だとあらかじめ決めるのではない、というのはもちろんそうなのだとして、わたくし自身がいつ、誰の隣人になるかは何によっても決められない。ほんの少し考えてみれば、しかし、これはごくあたりまえのことである。わたくしが助けるかもしれないひとは、そもそもこのわたくしを呼んでいるのではなくて「誰でもよい」から助けてくれと呼び求めているはずなのだから。なにしろ、通りかかるひとが誰であるかということなど、倒れてあるそのひとはわかるはずもないのだから。さらにいって、よきサマリア人が傷つくユダヤ人に手を差し伸べたとき、かれはイエスの教えを知らなかった（「譬え」ということの不思議なステイタスを思う——わたくしたちは「よきサマリア人」をイエスの譬えをつうじてしか知らないが、イエスがこの譬えを語ったとき、それによってかれはかつてたしかに存在したかのようであることになった）[*26]。かれが為したのは誰であっても為しうること、その意味であたりまえのことだったのであり、そのあたりまえさのうちにイリッチも、そしてデュピュイも掛け替えのない価値を見出したのであるはずだ。

＊24　Illich, *op. cit.*, p. 51-52〔前掲邦訳、一〇三‐一〇四頁〕。
＊25　厳密な解釈に拠った豊かな思索として、以下に多くを学んだ。辻学『隣人愛のはじまり　聖書学的考察』新教出版社、二〇一〇年。

　ということはまた、合理性が作り為す「誰でもよさ」と偶然性にゆだねられた「誰でもよさ」をことさらに区別させるものがある、などとそもそも考えなくてよいかもしれない。よきサマリア人の譬え――そしてキリスト教徒であるか否かを問わず、誰しもにそなわるだろうごく素朴な経験的直観――にしたがうならば、「誰でもよい」誰かが「誰でもよい」誰かに向けて呼びかける、その宛先がたまたまわたくしであったかぎりにおいて、わたくしもまた結局「誰でもよい」。救われるべき者についてはもちろん、救いをもたらすべき者についても、あらかじめ定められた配分のための基準などない。つまり、いかなる意味においても経済（オイコノミア、エコノミー）はそこに端的にない。それは、結局のところ、神――デュピュイにしたがっていえば、わたくしたちには「そんな仮説」など必要ないというその仮説である神[*27]――、あるいはそのような神に取って代わろうとする誰かしらにとってのみ必要となる何かだ。

　どれほど些細と思われる場面であるにせよ、救済を求められることは、人間にとって本質的に計算可能性の埒外にある偶然としてしか考えられない。誰でもあれ、歩いていたら、「路傍の草むらに横たわって」[*28]、傷ついているひとに出会すかもしれないのだから。いつそうなるのか。救うことが求められるときは、いつかある、必ずある、ただ、いつであるかはわからない。はてさて、「いつかある、必ずある、ただ、いつであるかはわからない」、これこそは、デュピュイが破局について繰り返し与える、ただし、おそらくほぼ唯一の定義らしい定義なのだった。*29 救済のことを考えながら、改めて――けれども理の当然として――破局へ導かれた。とすれば、以上のすべてはジャン＝ピエール・デュピュイの思考をある特定の視点から捉え直すつもりでありながら、しかし、その思考の全体が描き出す大きな円環をただ、内側から小さく、描くなぞってみることだったかもしれない。

＊26　「譬え（parabole）」の語源となるギリシア語 parabolē はなるほどまずもって「引き比べ、たとえること」、しかしまた「遭遇、衝突」、さらには「正道から逸れること」を意味する（語形からするなら、そもそも「脇に（para-）」に「投げ出すこと（bolē）」である）。偶然にすぎないのだろうが、こうした一連の意味と「よきサマリア人」の譬えに含まれたモティーフの照応が魅惑的である。

＊27　伝説的な逸話によれば、ナポレオンと面会したラプラスは、自身の世界観に神が占める位置について問われ、「陛下、わたしにはそんな仮説はなくてもよいのです」と返答した。デュピュイは好んでこれに言及する（『経済の未来』199／二〇六。また『聖なるものの刻印』117／一三六）。

＊28　Illich, *op. cit.*, p.207〔前掲邦訳、イリッチ三四五頁〕。

＊29　本書の中村論文一三六頁を参照。

あとがき

この本の発端となったのは、二〇一四年一二月一三日に慶應義塾大学日吉キャンパスで開かれたシンポジウム「ジャン＝ピエール・デュピュイの思想圏――カタストロフ、科学技術、エコノミー」である。経緯をごく簡単に記しておく。

ジャン＝ピエール・デュピュイの思想が日本に紹介されたのはつい昨日のことでは決してない。書誌的な詳細は本書末尾の「著作一覧」に譲るが、八〇年代の後半から二〇〇〇年代前半にかけて共編著を含めた四冊の翻訳が送り出されていることを確認しておきたい。とはいえ、デュピュイの名が日本の読者にとって、二〇一一年三月一一日という日付とともに特別な意味を持つに至ったことも否みがたいだろう。以降、「カタストロフ」をクローズ・アップした近年の著作が日本語に移され、デュピュイ本人も数度にわたって来日し、各地で講演やシンポジウムがおこなわれた。ただ、そうした機会を経ながら、独得の語り口や前提となる知的領域の広がりもあって、「カタストロフ」論にかぎってさえ、その奥行きを捉えるのは容易でなかったように思われる。

執筆者のうち、西谷修は『ツナミの小形而上学』に解説を寄せて以来、デュピュイの思想の核心と射程を浮き彫りにすべく考察を重ねてきた（とりわけ『アフター・フクシマ・クロニクル』ぷねうま舎、二〇一四年を参照されたい）。また、森元庸介が『経済の未来』を翻訳し、その後、右の二人に渡名喜庸哲を加えた三名の共同作業によって『聖なるものの刻印』を訳出した。結果として連鎖することになった翻訳の作業が一段落した折、デュピュイの思想圏を改めて、またできるかぎり包括的に測ろうという趣旨から、冒頭に触れたシンポジウムが企画された。それはそのまま本書の意図するところである。ただ、さかのぼれば理系畑のひとであるデュピュイは、今日に至るまでハード・サイエンスの先端的な展開を批判的に観察しつづけており、この領域についての検討を科学哲学を専門とする中村大介が担った。

本書はシンポジウムの際の各発表をもとに改稿を重ねた論考を束ねたものだが、その結果、カタストロフの問題を軸として、社会思想と科学哲学、またキリスト教という少なくとも三つの観点からデュピュイの思想を問う構成となっている。それら各論も踏まえつつ、人類史的なパースペクティヴから、いま、ここでデュピュイとともに何をどう考えるべきかについては、シンポジウムでコメンテータを務めた西谷修が縦横に論じている。

いうまでもなく、扱いきれなかった論点は多い。たとえば、イリッチとの共同作業を踏まえた初期の産業社会論、アダム・スミスからハイエクを経てロールズに至る経済思想の批判的な読解、あるいはまた「聖なるもの」をめぐるフランスの社会学や人類学の（デュルケーム、モースからカイヨワ、バタイユを経てルイ・デュモンに至る）系譜との関係、さらにデュピュイがとりわけ二〇〇〇年代以降に「カタストロフ」の問題と並行して関心を寄せているナノ・バイオ・情報・認知の諸領域にわたる「テクノロジー収斂」の問題（および、その展開としての「トランス・ヒューマニズム」）……。本書はささやかな契機にすぎない。デュピュイの思考に触れ、折り返してわれわれの現在を考えるうえで、この本がわずかなりともきっかけとなりうるだろうか。もしもそうだとしたら、望外の喜びである。

シンポジウムへご来場のうえ、厳しくコメントをくださった方々には、この本がいくらかでもお返事になっていることを祈るばかりである。当日に司会を務めてくださった高桑和巳さん（慶應義塾大学理工学部准教授）にお礼を申し上げる。また、開催にあたっては慶應義塾大学教養研究センターのご支援があった。最後に、われわれの活動に協力を惜しまず、どんな無理難題にも快く応じてくださる以文社社長の勝股光政さんに、改めて感謝を捧げる。

二〇一五年九月

編　者

ジャン＝ピエール・デュピュイの著作一覧

＊邦訳書のないものについても参考までに邦題を付記し、〔 〕で示した。また、本書での引用に際して（原著の頁数／翻訳の頁数）と記されているところは、この一覧にある版が対応している。

Les Choix économiques dans l'entreprise et dans l' administration, avec Hubert Lévy-Lambert, Dunod, 1973〔ユベール・レヴィ＝ランベールとの共著『企業および行政における経済的選択』〕。

L'Invasion pharmaceutique, avec Serge Karsenty, Seuil, 1974〔セルジュ・カルザンティとの共著『薬学の侵入』〕。

« À la recherche du temps gagné », in Ivan Illich, *Énergie et Équité* (1974)〔「獲得された時を求めて」、イヴァン・イリッチ『エネルギーと公正』仏語版への付録〕。

Valeur sociale et encombrement du temps, Éditions du CNRS, 1975〔『社会的価値と時間の飽和』〕。

La Trahison de l'opulence, avec Jean Robert PUF, 1976〔ジャン・ロベールとの共著『豊かさの裏切り』〕。

L'Enfer des choses, avec Paul Dumouchel, Seuil, 1979（ポール・デュムシェルとの共著『物の地

獄　ルネ・ジラールと経済の論理』織田年和・富永茂樹訳、法政大学出版局、1990年）。

Introduction à la critique de l'écologie politique, Civilizaçao Brasileira, Rio de Janeiro, 1980〔『政治的エコロジー批判序説』〕。

René Girard et le Problème du mal, avec Michel Deguy (dir.), Grasset, 1982（ミシェル・ドゥギーと共編『ジラールと悪の問題』古田幸男ほか訳、法政大学出版局、一九八六年）。

Ordres et Désordres, enquête sur un nouveau paradigme, Seuil, 1982（『秩序と無秩序　新しいパラダイムの探求』古田幸男訳、法政大学出版局、一九八七年）。

La Panique, Les empêcheurs de penser en rond, 1991〔『パニック』〕。

Le Sacrifice et l'Envie. Le libéralisme aux prises avec la justice sociale, Paris, Calmann-Lévy, 1992（『犠牲と羨望　自由主義社会における正義の問題』米山親能・泉谷安規訳、法政大学出版局、二〇〇三年）。

Introduction aux sciences sociales. Logique des phénomènes collectifs, Ellipses, 1992〔『社会科学入門　集合的現象の論理』〕。

Aux origines des sciences cognitives, La Découverte, 1994〔『認知科学の起源』〕。

Éthique et philosophie de l'action, Ellipses, 1999〔『行動の倫理と哲学』〕。

Les Savants croient-ils en leurs théories ? Une lecture philosophique de l'histoire des sciences cognitives, INRA Éditions, 2000〔『学者たちは自分の理論を信じているのか　認知科学の歴史の哲学的読解』〕。

Avions-nous oublié le mal ? Penser la politique après le 11 septembre, Bayard, 2002〔『悪を忘れていたのか？　九・一一以後に政治を考える』〕。

Pour un catastrophisme éclairé. Quand l'impossible est certain, Seuil, 2004 [2004]（『ありえないことが現実になるとき　賢明な破局論にむけて』桑田光平・本田貴久訳、筑摩書房、二〇一二年）。

Petite métaphysique des tsunamis, Seuil, 2005（『ツナミの小形而上学』嶋崎正樹訳、岩波書店、二〇一一年）。

Retour de Tchernobyl. Journal d'un homme en colère, Seuil, 2006（『チェルノブイリ　ある科学哲学者の怒り　現代の「悪」とカタストロフィ』永倉千夏子訳、明石書店、二〇一二年）。

La Marque du sacré : essai sur une dénégation, Flammarion, 2010 [2009]（『聖なるものの刻印　科学的合理性はなぜ盲目か』西谷修ほか訳、以文社、二〇一四年）。

Dans l'œil du cyclone – colloque de Cerisy, Carnets nord, 2009〔『台風の目のなかで　スリジー・シンポジウム論集』〕。

L'Avenir de l'économie : sortir de l'écomystification, Flammarion, 2014 [2012]（『経済の未来　世界をその幻惑から解くために』森元庸介訳、以文社、二〇一三年）。

そのほか日本語で読む事ができるもの

『ナノテクノロジー　倫理と産業的展望』（フランソワーズ・ルルとの共著、Social Science Research Institute monograph series、12、二〇〇七年）。

「極端な出来事の頻度について　啓蒙カタストロフィー主義へのイントロダクション」（『日仏文化』81号、二〇一二年）。

「極端な出来事を前にしての合理的選択」（『国際哲学研究』別冊1号、二〇一二年）。

「悪意なき殺人者と憎悪なき被害者の住む楽園　ヒロシマ、チェルノブイリ、フクシマ」（『震災とヒューマニズム　三・一一後の破局をめぐって』明石書店、二〇一三年）。

執筆者紹介

西谷　修（にしたに　おさむ）
1950年愛知県に生れる．東京都立大学フランス文学科修士課程修了．現在，立教大学大学院文学研究科教授．著書に『不死のワンダーランド』青土社，増補新版2002年，『破局のプリズム』ぷねうま舎，2014年，ほか多数．訳書に『聖なるものの刻印』共訳，以文社，2014年ほか多数．

渡名喜　庸哲（となき　ようてつ）
1980年福島県に生れる．パリ第7大学博士課程修了．現在，慶應義塾大学商学部専任講師．共著として合田正人ほか『顔とその彼方：『全体性と無限』のプリズム』（共著），知泉書館，2014年．訳書に，エマニュエル・レヴィナス『レヴィナス著作集1：捕囚手帳ほか未完著作』（共訳），法政大学出版局，2014年．ジャン＝リュック・ナンシー『フクシマの後で：破局、技術、民主主義』以文社，2012年などがある．

中村大介（なかむら　だいすけ）
1976年千葉県に生れる．関西学院大学大学院文学研究科哲学専攻博士課程後期課程単位取得満期退学，パリ西大学博士（哲学）．現在，豊橋技術科学大学総合教育院講師．著書に，金森修編著『エピステモロジー：20世紀のフランス科学思想史』（共著、慶應義塾大学出版会、2013年）．論文として，「集合論の形成にみる「直観」の問題 —— カヴァイエスの立場から」『科学哲学』日本科学哲学会、46巻、1号、2013年.「カヴァイエスにおける学問論と論理学」『哲學』日本哲学会編，知泉書館，第64号，2013年，127-141頁.

森元庸介（もりもと　ようすけ）
1976年大阪府に生れる．東京大学大学院総合文化研究科地域文化研究専攻博士課程単位取得退学．パリ西大学博士．東京大学大学院総合文化研究科超域文化科学研究専攻准教授．著訳書に *La Légalité de l'art. La question du théâtre au miroir de la casuistique*, Fayard (à paraître). ジャン=ピエール・デュピュイ『経済の未来』以文社，2013年．ジャン=クロード・レーベンステイン『猫の音楽』勁草書房、2014年など．

カタストロフからの哲学
――ジャン＝ピエール・デュピュイをめぐって

2015年10月20日　第1刷発行

編　者　渡名喜庸哲
森元庸介

発行者　勝股光政

発行所　以　文　社
〒101-0051 東京都千代田区神田神保町 2-12
TEL 03-6272-6536　FAX 03-6272-6538
http://www.ibunsha.co.jp/
印刷・製本：シナノ書籍印刷

ISBN978-4-7531-0327-0

——既刊書より

聖なるものの刻印——科学的合理性はなぜ盲目なのか

科学を人間の生存の側に埋め戻す　科学によって人間を測るのではなく，人間の生存に根差した科学を練り直すということ．あるいは，科学がもたらす脱人間的な認識を鏡にして，人間の身の丈に適うところまで科学を引き寄せること．「賢明な破局論」の提唱．

ジャン＝ピエール・デュピュイ著

西谷修・森元庸介・渡名喜庸哲 訳　四六判 352 頁　本体価格：3200 円

経済の未来——世界をその幻惑から解くために

金融危機に象徴される資本主義の危機の真相は、市場万能主義という神話に基づいたパラドキシカルな帰結である．経済が政治の位置を簒奪していることへの文明論的批判．

ジャン＝ピエール・デュピュイ著

森元庸介 訳　四六判 280 頁　定価：3000 円

フクシマの後で——破局・技術・民主主義

人間が制御できないまでに肥大化した，技術的・社会的・経済的な相互依存の複数性を〈一般的等価性〉という原理から考察した，現代哲学界の第一人者による文明論的考察．

ジャン＝リュック・ナンシー著

渡名喜庸哲 訳　四六判 208 頁　定価：2400 円

功利的理性批判——民主主義・贈与・共同体

経済のみならず、文化などの無意識の内奥に至る実存のあらゆる領域のなかで支配する〈計算〉という利益の公理系．その支配に抗した「一般社会学」と民主主義を提唱する．

アラン・カイエ著

藤岡俊博 訳　四六判 272 頁　本体価格：2800 円

経済的思考の転回——世紀転換期の統治と科学をめぐる知の系譜

19 世紀後半以降の〈熱力学〉の進展は，ニュートン力学に基礎づいた世界観に抜本的な変革を迫った．この影響を真正面から受け止めたO・ノイラートの経済思想の可能性を探る．

桑田 学 著　四六判・320 頁　本体価格 3000 円